大展好書　好書大展
品嘗好書　冠群可期

大展好書　好書大展
品嘗好書　冠群可期

實用心理學講座

8

催眠術入門

多湖輝／著
杜秀卿／譯

大展出版社有限公司

國家圖書館出版品預行編目資料

催眠術入門 / 多湖輝著，杜秀卿譯；
－初版－臺北市 大展 ， 民 83
面 ； 21 公分 －（實用心理學講座；8）
ISBN 978-957-557-440-6（平裝）
1. 催眠術
175.8 83002167

本書原書名：催眠術入門
著 者：多湖 輝©Akira Tago 1993
發 行 所：株式會社ごま書房

版權仲介：宏儒企業有限公司

催眠術入門

原 著 者／多 湖 輝
編 譯 者／杜 秀 卿
發 行 人／蔡 森 明
出 版 者／大展出版社有限公司
社 址／台北市北投區（石牌）致遠一路 2 段 12 巷 1 號
電 話／(02) 28236031・28236033・28233123
傳 真／(02) 28272069
郵政劃撥／01669551
網 址／www.dah-jaan.com.tw
E-mail／service@dah-jaan.com.tw
登 記 證／局版臺業字第 2171 號
承 印 者／傳興印刷有限公司
裝 訂／佳昇興業有限公司
排 版 者／千兵企業有限公司
初版1刷／1994 年（民 83） 4 月
初版7刷／2020 年（民 109） 2 月
定價／230 元

前言

人的心分為意識世界與無意識世界，這是無庸置疑的。催眠術係訴諸無意識世界，發掘出以往沈睡的能力，去除自己都沒有察覺到的不安與煩惱的心理技術。

當然，進入無意識世界的「心理誘導」方法，在不知不覺當中能夠使人沈睡，或是躺下來。因此，便有人誤會催眠術只不過是魔術或戲法的一種。此外，它也能說中人的心思，使人完全按照預言而行動，因此，更有些人認為催眠術是超能力者等擁有特殊能力的人所具有的技術。

最近，電視台邀了一些常做職業表演的「催眠術師」對知名度高的明星進行催眠表演，因而引起大衆對催眠術的興趣。這種表演固然有吸引力，但只強調外觀上的氣派效果，無可否認也有一些弊端。

我第一次親眼目睹催眠現象，覺得很不可思議。由於本身與趣所致，我曾長時間研究奇術，如果這只是俗稱奇術伎倆的手法現象，那我當可一眼看穿。可是我幾度體驗，看見的催眠現象，不能只以奇術一言括之，應該說是人類心靈的神秘與深奧。後來，我以學者的態度研究人類的深層心理與潛在意識，若說這是擴大對催眠現象的關心，也不為過。

當成心理技術的催眠術，既不是超能力的興趣本位表現，也不像做秀似地具有趣味性。它是將屬於心理學、醫學範疇的人類潛在意識、無意識發揮最大的作用，去除人類意識心理中的障礙，挖掘自我以往也不曾發現到的部分，引導自己或他人進入更理想的狀態。

如先前提及的，人類只依靠意識動機而展現行動。人的行動或欲求，幾乎可以說是都在無意識世界中進行的。使這個無意識世界發揮作用，探索人類精神世界的，就是催眠術。因此，不管是誰，都可以進行催眠誘導，而且也可能被催眠誘導。

最近，關於新興宗教的心靈控制手法，是一大問題。顧名思義，各位可以明瞭這是控制人類心靈的方法，是與催眠術一脈相通的心理技術，但是，催眠術的目的不在於行事。它是利用催眠誘導所帶來的身心放鬆狀態，去除不必要的不安或緊張，發掘出沈睡於自己體內的能力，從消極的人生觀轉為積極，進而提高創造性，產生一個能夠擁有新鮮想法的自我。

本書是為了我的另一本著作『催眠的效用』曾引起衆人對催眠術的關心，為改正誤解與常識的錯誤，讓各位更加有效的使用，因而再實踐性地加以編纂而成。希望為各位介紹能讓自己擁有更積極的人生，加強教育孩子或部屬而可以信賴的方法。

多湖　輝

目錄

第一章　催眠術不是魔術

催眠現象與無意識的世界相通

我從少年時代開始就對催眠感興趣

我從少年時代開始，就對催眠或暗示等現象非常感興趣。但是，當時關於催眠的書籍根本找不到，而現在輕易就在電視上出現的催眠、暗示現象，在那時候卻是不可能的事。儘管如此，我仍對催眠深感興趣，說起來，導因於我曾有接受認識的小學校長催眠誘導的經驗。

那時的誘導，現在想來真好像遊戲一般，並不算成功，但在當時我幼小的心靈上，催眠卻烙下神奇而不可磨滅的印象。

過了十年，我開始學習心理學，後來深受佛洛依德的吸引，暫時將催眠現象擱在一旁。就這樣，我觀摩前輩們的催眠誘導的技巧與方法，並加以學習，也學會了一些誘導的技術，但幾乎都是摸索獨學的經驗。我最初施行催眠誘導而獲得成功的對象，是小學五年級的學生。不過老實說，我剛開始是半信半疑，在我模仿誘導的動作時，對方竟然很快就產生反應，讓我大吃一驚。如果一旁有人看到的話，他們會發現我這個誘導者居然比較慌張。

由於這次的經驗，讓我產生信心，後來，我開始磨練催眠誘導的技術。但在同一時期，研究醫學、心理學的人，也對催眠研究產生了很大的興趣。我自己也從同學、前輩、後輩那兒學到了很多東西。

就這樣，以日本指導催眠有名的九州大學池見酉次郎、成瀨悟策兩教授為主，我所屬的東京工業大學的研究室成為發起者，以宮城音彌教授為委員長，在東京工業大學召開第一屆日本催眠學會。

再過了十年，我因為學問興趣的關係，逐漸遠離了催眠研究的第一線，但對催眠現象的興趣，在心中依然保持高度的關心。那是因為我自年輕時代開始，便一直相信在探討、解析人類心理的本質部分時，仍有催眠現象的存在。

催眠現象產生的原理目前還不甚清楚

由於電視傳播的發達，很容易就能看到催眠現象的表演。但是，一般人對催眠現象的認識，依然沒有什麼進步，實在教人百思不得其解。

例如時至今日，依然有人將催眠當作奇術的一種。此外，也有人相信能進行催眠誘導的，只有超能力者等特殊人物。甚至有人完全不相信自己會陷入催眠狀態。

這些想法全都是錯誤的。催眠現象既非奇術，也不是什麼超自然現象。任何人都可以進行誘導，任何人也都具有被誘導的可能性。就此而言，催眠現象可說是非常生活化的現象。

利用催眠術使年齡倒退時，
能夠找出連自己都不知道的心底傷痕

不過，我也不是說催眠現象不是神奇的現象。因為，即使是到了二十世紀的今天，催眠現象仍含有許多未解開的謎團。現象本身雖然非常日常化，其原理與起因終究不得而知。

就算是那些催眠專家，他們知道如何誘導對方進入催眠狀態，但是為什麼會這樣，很少人能夠加以充分地說明。正由於催眠不被探知的部分很多，所以才有人將它當作奇術的一種，或是以為是超自然現象。然而，這些想法是不對的。

透過本書，對於催眠現象及與其相關的現象，將客觀地加以敍述，希望各位能夠明白何謂催眠，但是，卻沒有辦法清楚地為各位解說催眠現象。我所能夠做的，大部分是針對催眠現象，將現代科學所能說明的部分，以及依然未知的部分，加以原原本本的描述而已。

剖析無意識世界

我之所以這麼說，理由很多。首先，催眠現象是通往無意識世界的大道。光是依賴人類的意識，進行人類心理的解析，可說是近代心理學之祖——威爾漢姆・溫特所犯的最大錯誤。

人類並不只限於依循明確的意識動機來展現行動，有時也會接受來自連自己也無法意識到的精神深層世界的指令而行動。

因此，我們如果不能夠剖析這個無意識世界，當然不可能了解人類心理的全貌。而最方便、有效的手段，便是催眠。

例如，透過催眠可以使對象的年齡倒退。就好像和他一起乘坐時光機，回溯對方過去的人生一樣。

就這樣子，我們可以追溯這個人青年時代、少年時代，甚至幼年時代所發生的事，依情況的不同，甚至可以找出埋藏在此人心靈深處、無意識的深層中的傷痛（心傷）。從這兒就可以明白這個人的一切人格，也能去除腐蝕此人精神的痛苦根源了。

暗示是「雙刃刀」

催眠的威力深不可測

重視催眠的第二理由，係因為它與人類的暗示心理有很深的關聯。在我進入心理學之道以前，曾研究過暗示的偉大力量。

藉著醫生的一些暗示，而容易接受暗示的患者，就會形同廢人一般，像癌神經衰弱症、醫源病等，有時可藉著暗示的力量而引起。相反的，專家、領隊或教練的一句話，也具有暗示效果，能夠引出運動選手超乎實力以上的潛在能力。

正如「雙刃刀」的說法一樣，暗示藉著使用方法的不同，可以成為凌厲的剃刀或可怕的兇器。這不正表示暗示效果的極限狀態，即催眠的威力深不可測嗎?

我並非只是從人類的存在這種極本質的部分，來認識暗示或催眠的重要性。仔細想想，這與人類意志的自由，也就是人類存在的基本問題，也有很密切的關聯。例如，我曾在NHK電視台進行過以下的實驗。

我自己擔任實驗品，戴上眼鏡、戴上帽子拍照，這張臉部特寫照片讓A、B兩組的人分別看過。A組的人在看照片時，一邊告訴他們「這個人啊，是最近剛從美國回來的工學博士哦！他所發表的劃時代論文，在美國學會非常引人注意」。另一方面，B組的人也隔離開來看這張照片，並告知「此人是最近被逮捕的香港痲藥走私集團的首領」。

像這樣，讓兩組的人看我喬裝打扮的照片，並藉著言語給予完全不同的印象。結果，A組的人的回答是「看起來好像很聰明」、「頭腦清晰」或「腦筋轉得快，但性格有些冷酷的樣子」。另一方面，B組的回答則是「看起來有點殘暴」、「很殘忍的人，如果手下膽敢背叛，他一定不留情地立刻掏槍射殺」。

由這個實驗可以證明，如果不對照片中的人物給予前置說明，可能在場的人會各自產生不同的印象，但是，若給予不同的說明，他們就會受說明左右，因而產生截然不同的印象。因此，與其說這是「暗示」實驗，還不如說是「先入為主的觀念」實驗。然而，若是有計劃地想把某種印象故意植入他人心裡，事先計算接受者會毫不抵抗地接受，那麼，情報的流傳就能利用這種暗示效果了。

向無意識世界直接傳達訊息的SP

情報的傳達能夠操縱大衆，接下來介紹的美國SP廣告，也是有趣的話題。

某家電影院正在上演中的銀幕上，以三〇〇〇分之一秒的快速度播放出「Thirsty？

Drink Coca-Cola！」「Hungry？ Eat pop-Corn！」這種眼睛都看不清楚的訊息。卻使得可口可樂與爆米花的銷售量激增。而在英國，選舉時也使用這種手法，產生很多的困擾，甚至引起必須以法令規定禁用的騷動。

這就是所謂的ＳＰ（潛意識知覺）廣告，事實上，我也曾經試過ＳＰ實驗。不過，我不是利用聽覺，而是訴諸視覺。應某廣告公司之邀，準備長、寬比例不同的兩座冰箱，在其中一座上，以投影機投射眼睛幾乎看不出來的一流廠商的標誌，讓幾個人看過，然後要他們判斷哪一種冰箱比例比較好。

標誌就是一種潛意識訊息，當然，就算眼睛幾乎看不出來，大部分的人還是回答有標誌的比較好。

以心理學的觀點而言，ＳＰ與純粹的暗示稍有不同，但是，依照使用的方法不同，能夠成為邪惡兇器的道理卻是相同的。而且，在對方還搞不清楚的時候，無意識當中就被直接傳送而來的訊息誘發，因而使得判斷紊亂。由於這一點，使得研究催眠的我，對這實驗結果十分感興趣。

了解催眠就能夠更深入了解人類

各位由這實驗例子也可以了解，人類意志的自由會被輕易地踐踏，而且，會被他人的意

早上看過的社論成為暗示，
把它想成好像是自己的意思。

識隨心所欲地操縱，即使是在白天眾人環視之下，對於具有良識，處於普通心理狀態下的人也能夠進行。

不只如此，暗示有時候會左右人類的思想或信念。

例如，你說是你自己的意見，其實可能只是反映了早上所看的早報社論的觀點。

當然，你自己熟讀社論，只是為了有所了解，實際上卻非如此。你會不顧理性的呼喚，而認為「既然是報社主筆的意見，那麼……」因此，將它當作自己意見的可能性不是沒有。

在這種現象的背後，我們必須承認具有「暗示」（Suggestion）的作用。正如有人說「催眠是始於暗示，終於暗示」一樣，了解這個暗示反應，以後再來探討催眠，就非常簡單了。

那麼，何謂暗示呢？現在較專門性地為各位敍述一下。所謂的暗示就是來自某個人（暗示者）的具有一定意圖的言語或刺激，使得接受的人（反應者）無法發揮理性，而受到暗示者的威嚴或反應者本身的生理、心理條件或情緒氣氛的影響，毫不批評地加以接受，會依暗示者的意圖而產生反應的過程。

我這麼寫，也許你會想像成某種異常的心理狀態，然而，暗示並不是特別的異常生理狀態或心理狀態，就好像顧客與銷售員、上司與下屬、親子、戀人、朋友等極普通的人際關係的心理基礎一樣，在日常生活中一直進行著。

但是，若暗示的效果有意地加以不當使用，就會成為可怖的兇器；另一方面，暗示也是能使人際關係順暢的潤滑油，具有某種正面的效果，這是各位應有的基本認識。

關於暗示的話題，似乎談了太多，總之，我們平常會忽視暗示在日常生活中的功能，這就好像我們生活在空氣中，卻不會注意它的存在一樣。

但對人類社會而言，暗示的確能發揮很大的功能，人類心理的理解與剖析，暗示的研究是不可或缺的要素。因此，對於有時甚至會使人格改變的暗示效果的極限狀態，即催眠現象，我抱持很大的興趣。

我重視催眠的第三個理由就是，催眠現象可當成心理學研究的特殊方法論，有很大的效果。例如，來探討一下感情（情動）的研究。我們平常會有喜怒哀樂的情緒表現，但是在進行研究時，突然要你表現出非常悲傷的樣子，恐怕不容易做到吧？但是若在催眠狀態下，就可以輕易地達到。

藉著人類感情的變化，例如，想要研究在人體的各部分會產生什麼樣的變化時，利用催眠可以很快地得到結果。這也就是在心理學的研究上，專家重視催眠的理由。

此外，年齡倒退或人格變換等，透過催眠現象，我們就可以科學的方法，更加探討人類深層心理的部分了。

以上就是我認為催眠是探討人類心理最佳手段的理由。最後，我要強調的是催眠的有效性，亦即它的作用。其中的一大效用，就好像後催眠暗示中會出現的催眠暗示的持續效果。

所謂的後催眠暗示，就是在催眠中所給予的暗示，清醒之後仍能發揮效果的現象。催眠有效性的重點之一，就是這個暗示效果的持續性。催眠能夠有效地治療神經衰弱等症狀，但是，如果利用催眠的性質，沒有辦法產生持續效果的話，自然也不可能產生很好的治療效果了。

催眠的歷史相當地久遠。我想，催眠或暗示的現象，可能在人類誕生時就已經存在了。

擁有如此悠久的歷史，然而，催眠現象展現科學之光卻是最近的事情。但是，集科學精粹加以研究，催眠之謎依然沒有辦法完全解開。所以，時至今日，仍然有些人無法完全正確地認識催眠，賦予它不必要的恐懼感或怪異的神秘性色彩，有時候即使有興趣，也沒有給予相等的對待。

透過本書，希望各位能夠對催眠加以估量，關於催眠的一切問題，簡單明瞭地呈獻在各位讀者面前。至於要如何掌握，應該賦予何種地位，則必須依賴讀者的判斷了。

第二章　你也可以施行催眠術

順利引導進入催眠狀態的秘訣

任何人都能催眠

催眠現象到底是以什麼方法引起的呢?是不是就如很多人誤解的，只有穿著華麗的舞台衣裳表演的一部分人，才有誘導人進入催眠狀態的力量呢?

我們先談結論，事實上，每個人都能施行催眠誘導。催眠並不是一種特別的「技術」。其實，只要具備引出人類與生俱有的被暗示性的一連串手法，並懂得秘訣，即使是初次嘗試催眠誘導的人，也有可能獲得成功。

在日常生活當中，我們無意識中就會出現與催眠誘導類似的行為。例如，化妝品的銷售員在訪問、販賣時，即使面對十位女性，也一定不會說:「太太，你好美啊!」而會說:「妳的肌膚真是美麗呢?」會以旁敲側擊的方式讚美對方。

人類對於被找出自己沒有注意到的優點，通常沒什麼抵抗力。於是，在顧客的注意力傾向於銷售員身上時，銷售員就會單刀直入地說:

「不過，最近有沒有覺得肌膚有點乾燥呢……」

稱職的銷售員就像老練的登山家一樣，會巧妙地在人類心理的凹洞釘上岩釘，而繼續向上攀爬。也就是說，在無意識當中會使用類似催眠誘導的方法來打動對方的被暗示性。

雖然這種覺醒暗示和催眠暗示並不完全相同，但是只要依循本章所敍述的一定原則，任何人都可以進行催眠誘導。

不過，一般進行的標準催眠法，大致可分成四個階段。

①**準備**。亦即要讓對方有願意積極接受催眠的情緒，去除其對催眠的誤解與不安。此外，同時要進行探測對方的被暗示性程度的被暗示性測試。

②**誘導**。以各種方法誘導對方從類催眠狀態進入輕微狀態，再進入中程度狀態。

③**深化**。將進入催眠狀態的對方，再誘導進入深層催眠狀態。

④**覺醒**。使對方從催眠狀態中清醒過來。

本書依序為各位介紹上述四個階段。但是這並非一成不變的規定，依情況的不同，有時甚至可以直接從誘導的狀態進入。以下一邊介紹代表性的手法，一邊讓各位了解催眠這種不可思議的現象的喚起方法，來探究催眠現象的實際內幕。

誘導者的房間與服裝要保持清潔

如先前的銷售員與顧客的例子，各位就可以了解到暗示要發揮效果，必須要人與人之間的關係良好才能夠進行。如果顧客一開始就不相信銷售員，那麼，暗示絕對無法發揮效用，無法到達對方的心靈深處。

要進行催眠時，這個關係的建立必須更加強化才行。使對方的全副精神都放在誘導者身上，這是必要的。因此，必須建立如牧師與熱誠的信徒、醫師與病患、父母與兒女之間一樣的關係。這當中，我認為像醫師與病患之間的關係，比較適合催眠誘導，也較能發揮效果。

因為對病人而言，醫師不僅看到自己赤裸的一面，有時甚至必須把性命交付他手上。當然，就算不能達到全面的效果，至少也要建立牢固的信賴關係。

由這個層面來說，誘導者一定要讓對方感到權威性，而且必須擁有強烈的自信，認為「能夠誘導你」。誘導者的權威傳達給對方，再加上強烈的信念與自信，就已經做好誘導對方進入催眠狀態的準備了。人類具有接受權威或優良價值的無意識慾求，如果這個慾求被刺激了，較易敞開心扉。

但是，就算再怎麼想讓對方感受到自己的權威性，或是自己充滿信心，也不能做出故意表示威嚴的言語行動。必須藉著悠閑平靜的態度、學識、人格、熟練的技術等等，讓對方對你產生信賴感。

能夠具體表現誘導者的權威與信念的就是外表，據說昔日催眠之祖——安東・梅斯梅爾在「治療」之際，會穿著絲質襯裡的皮製襯衫。因為他相信在宇宙中廣泛存在著「動物磁氣」這種流動體，如果流通順暢的話，就能治癒疾病，這件襯衫就是他特別製作的，使得體內的流動體不致逃竄。這也可以說是他的信念的表現。

患者在治療室中，一遇到梅斯梅爾的服裝，就會佩服他的威光，瞬間就會產生相信他的「心理準備」。

當然，現在不必以特殊的服裝來展現威嚴，如果真的這麼做，反而會令人覺得好像在表演一樣，誰都不會相信你了。

不過，一般而言，至少你的頭髮、指甲、手等要先充分護理，不要讓對方產生不清潔感，或者聞到難受的氣味，這些都是必須注意的事項。

衣服保持清潔是第一要件，穿著黑色西服就足夠了。藉此便能將自己並非「魔術師」，而是「專業人士」的印象深植對方腦海中。

不過，經常在公開場合穿著奇裝異服的表現，依情況的不同，有時有助於提高誘導者的威信。因此，就這點而言，也不能全面否定它的存在意義。

此外，對被誘導的人而言，也不要穿著使身體緊繃、感覺彆扭的服裝，必須隨時保持放鬆，有時連手錶、眼鏡都可以拿下來。

除了外表以外，進行催眠誘導的場所也是個要素。將催眠當成心理療法來使用時，要使用專門的催眠室，對一般人而言，只要不會太寬或太窄，安靜的普通房間就足堪使用。誘導者的技巧熟練，對方的催眠暗示性相當高時，就算在吵鬧的餐廳中進行誘導，也不是不可能的。

我就嘗試過在高分貝的噪音中進行誘導，成功地引導對方進入深層催眠狀態，不過，經驗較淺的人還是選擇安靜的房間較好。房間內要拉上窗簾，以免陽光直接照入，並且要使用柔和光線的間接照明，室溫儘可能保持在攝氏二〇度～二五度左右。

藉著「相互信賴」的建立，使對方擁有想積極接受催眠的心情

如果周圍的環境合適，很快地面對對方，好像在對方的心與誘導者的心之間拉起一條帶子似地，進行「相互信賴」建立。相互信賴原是法語，意謂著藉言語的暗示提高被暗示性的催眠用語，現在也可以當成人際關係中心靈契合的意思。也許藉此就可顯示，催眠已經融入日常生活中了。

總之，藉著「相互信賴」的建立，首先能夠放鬆對方的緊張心情，聊些與主題無關的話題，然後再述說催眠的實際例子與優點，建立對方想要積極接受催眠的心態。一般將之稱為「建立動機」的作業。在進行治療的時候，藉著「建立動機」時和對方談話，就能夠得知對方前來的動機，關於患者的症狀，也要讓他仔細地說明。然後再對他說明原因在於心理的問題，並且舉一些實例說明催眠療法如何的有效。

假定將學生分為兩組，一組聆聽催眠的解說以後再進行誘導，另一組則不進行說明就直接誘導。比較結果發現，先進行解說的這一組，誘導成功率非常的高，這是由於讓他們建立起希望被誘導的心情，然後就能夠使誘導順暢地進行，由此可知，這是非常重要的步驟。

但是，就算能夠建立動機，對方還是會感到不安。如果對催眠有所了解，或是曾有過經驗，那又另當別論了。對於未知的世界，當然會充滿不安的情緒，這種例子不少。

不知道自己在催眠中會不會說出一些丟臉的話？不知道會不會被誘導者奪去意志的自由？如果清醒不過來，又該怎麼辦？會不會像睡眠一樣，意識消失了呢？會產生這些煩惱。就好像頭一次面對性行為的男女一樣，充滿不安與期待的心情。

這時，誘導者要一一去除各種不安的原因，並且強調藉著兩人的互助合作，才能夠產生催眠狀態。要好好地建立相互的信賴感。這兩個人好比教練和選手，教練雖能預測選手的行動，加以引導，但在此之前，如果選手沒有勇氣和毅力接受磨練，那教練也是無用武之地。

深層心理學之祖——吉格門特•佛洛依德曾說：「催眠的本質，是藉著性本能當中被虐待要素，在無意識中使性衝動固定於誘導者人格上。」

他將催眠以性的關係來替換說明，不過，在建立「相互信賴」的關係中，誘導者是虐待狂，而被誘導者則是被虐待狂。必須藉此才能建立牢固的信賴關係。

佛洛依德曾經誘導過某位女性，並獲得很好的效果。這位女性非常感謝，在催眠療法結束以後，親吻佛洛依德。但是在這一剎那，護士走進房間內，看到兩人正在擁抱。嚴謹的佛洛依德非常煩惱，下定決心以後再也不要施行效果這麼可怕的催眠術了。

儘管如此，誘導者與對方通常是沒有什麼關係的陌生人。但花時間建立起信賴關係以後，對方身心都願意交給誘導者了。人心的「溫柔」，成為催眠的前提，隨著被誘導，人類會變得更加的溫柔了。

上半身不要靠在椅背上，調整呼吸

和對方的心十分接近以後，接著要擺出「身體的姿勢」。首先，坐在椅子上進行時，背部不要靠著椅背，指導對方上半身上浮地坐著。這是為了進行誘導之際，身體活動、手臂上檯方便、減少抵抗感而做的準備。到了以後，就算背部靠在椅背上，也能夠進行誘導了。

一般來說，為了掌握放鬆的坐姿，應該先站起來，再重新入坐，但是，如果這麼做以後，對方還是很緊張，那麼誘導者可以說：

「請放鬆肩膀的力量。」

一邊說，一邊輕觸對方從肩膀到腳尖的部位（稱為進行通過），使其放鬆。

這個通過的步驟，要非常輕柔而自然，不要讓對方厭煩或排斥。例如：從肩膀向下撫摸手時——

催眠術誘導時的坐法

背部不要碰到椅背，
保持上半身上浮坐在那兒。

放鬆的進行通過動作

自然碰觸肩膀到腳尖，使其放鬆。

「請放鬆手的力量、保持輕鬆。」

一邊說著，一邊碰對方的手，有時候也可以抬起對方的手兩、三次，然後突然放掉，使其掉落在膝蓋上，這樣也能使對方放輕鬆。自然輕鬆的姿勢，最能夠減少刺激，接著，對誘導者的話語也較能作出反應。

經常拿來與催眠作比較的坐禪，一切也是以調整身體為優先。從身體引導坐禪的心態。在坐禪中僅次於調身的第二大要件是調息（調整呼吸）。『坐禪用心記』書曾說：「若為長息則盡量長，若為短息則盡量短，漸漸調之……任由其通過。」敍述了調息之法。坐禪就是自然的呼吸，累積修行一段時日以後，可以達到一分鐘四呼吸的境界。

不過催眠不必達到這樣的境界。讓對方能夠採取正確的坐姿以後，接著調整呼吸。

讓對方練習腹式深呼吸法。

「吐氣的時候，在心裡從一默數到十。」

也就是說，催眠的「調息」可以說是集中注意力的排演。

這種深呼吸法原則上需要配合對方自然的呼吸來進行，如果違反自然規律的話，反而會覺得呼吸困難，注意力無法集中。此外，在吐氣時的數數法，誘導者也可以配合對方的呼吸，數「一、二……」。

東洋的坐禪是將身體委於自然，敞開心扉；而誕生於西洋的催眠，則是為了某種目的調整身體，創造一個朝目的前進的心態。如果說坐禪是一種優閒的露天挖掘法，催眠就是在黑暗的坑道中挖掘前進的探掘法。

催眠的目的就是想要知道內心深處隱藏著什麼，會讓人感覺到有一種貪欲精神。即使是在準備階段，也已經確立了指向心靈深處的姿態。

兼具催眠誘導暖身意義的被暗示性測試

對暗示反應的程度因人而異

按照上述，誘導者本身也做好了進入催眠誘導的準備，就能夠讓對方也做好接受催眠的心理準備，並容易接受暗示。這時，誘導者將誘導的決定性暗示給予對方就可以了，但是實際上能否就這樣進入催眠誘導，根據我的經驗，正如許多催眠研究者指出的，實際上施行進來並不是這麼順利。

只要實際進行催眠誘導就可以知道，有的人對催眠的感受性極高，不管用什麼技巧、手法，都可以很順利地接受誘導，相反地，也有不少人對於誘導會表現出抵抗。

因人而異，為什麼有些人容易接受催眠誘導，有些人卻很難接受呢？這是因為每個人對於暗示反應出的被暗示性有差距的緣故。如果不能事先加以確認，而只是拚命給予對方暗示加以誘導的話，當然會遇到一些意想不到的抵抗。一般而言，女性的被暗示性比男性來得高，此外，在八～十一歲時為巔峰狀態，然後就漸漸減退了。

但是，關於其原因，目前不明。

不過，雖然原因不明，可以確定的是被暗示性因人而異。因此，在進行催眠誘導的時候，先要了解對方到底對於何種程度的暗示能夠產生反應，所以，第一步驟便是要做被暗示性測試。

這個被暗示性測試，舉一個不太好的比喻，想要鑽探石油油脈時候，這個地方是否有油脈呢?為了知道情況，會進行「試掘」。沒有人保證挖了以後就一定會有石油噴出來，甚至有時候不過是浪費了時間與金錢。但是，藉著試掘，卻能提高效率與準確率。

催眠誘導中的這個被暗示性測試，就具有試掘的功能，比起欲速則不達似的催眠狀態，更能夠順暢地引導出催眠狀態。

藉著這個被暗示性測試，能夠知道對方的被暗示性，就能加以配合，想出較好的誘導法來。例如，某位接受實驗者做了被暗示性測試後，發現被暗示性相當低，這時若立刻進行誘導的話，失敗率會非常地高。因此，應該隨機應變，暫時停止誘導，先來建立動機。建立動機進行數次之後，確認對方的被暗示性提高了，就能順利地進行誘導。

被暗示性測試就好像檢查朝向對方潛在意識下降的「心靈電梯」情況的作業。電梯的情況不良，中途似乎要停止時，必須測試幾次，使其能夠順利地下降。

談到測試，各位也許會認為這不過是探測被暗示性的手段而已，然而，它並不只是單純的測試，對於提高被暗示性也有幫助。實際進行被暗示性測試以後，甚至能夠就這樣子誘導進入催眠狀態。由這層面來看，被暗示性測試與催眠誘導之間並沒辦法畫出清楚的界線，可以說被暗示性測試好比是催眠誘導的暖身運動，也可以視作誘導技法的一部分。

另外，還要再注意被暗示性（覺醒被暗示性）與被催眠性（催眠被暗示性）的關係。兩者關係匪淺，不過，也不能說被暗示性高，就代表被催眠性也一定較高。兩者必須當成個別的情況。

1　手指靠攏測試〔手指互碰〕

催眠誘導者按照經驗，開發了一些被暗示性測試的方法。首先，為各位介紹最簡單的手指靠攏測試。

誘導者先是手指交疊，然後對對方說：

「像這樣子交疊在一起。」

做出上述的指示。這時，我會告訴對方大拇指要緊緊地交疊在一起。

其次，保持這個狀態，讓他伸出食指來。

「請伸出食指……好，就這樣。再伸直一點……是的，很好。」

一邊說著，一邊讓對方的食指打開二～三公分寬。

手指的動作完成以後，誘導者用左手輕觸對方的手臂或肩膀，用右手指著對方突出的食指中間。

「請凝視指間。」

然後，再捏著對方的食指說道：

「當我說『好』鬆開手指的時候，像這樣子食指互碰。」

做二～三次食指互碰練習。

「不要自己刻意地去做，要讓它們自然地互碰。」

「是的，放鬆肩膀的力量……手指漸漸互相碰觸在一起了。再接近一點，還要再碰觸在一起。」

說著，好像要用大拇指和食指捏住對方的指尖似地，讓它們互相靠攏。

「很好，已經完全碰在一起了……全部碰在一起了。」

做這樣的暗示，手指完全碰在一起。

我這麼寫，讀者也許會感到懷疑，平常手指要這麼碰觸在一起，原本就是很自然的事。

利用手指法

①誘導者雙手交疊讓對方看，
並伸出食指。

②讓對方凝視指間，
兩手指漸漸貼合。

事實雖是如此，但實際施行之後就會了解，將兩根手指之間的距離拉開以後，如果能夠在自然的狀態下保持放鬆的心情，就能夠再度黏合在一起。但是相反的，如果雙手交疊，在手指黏合的狀態下，做出「好，手指張開，再張開一點」的暗示，恐怕也做得不好。

我這麼說各位也許會覺得奇怪，但是事實上，這其中隱藏著被暗示性測試及誘導法的秘訣與原理。

第一個秘訣就是，藉此能夠達到放鬆的效果，在若無其事中，原本就能夠碰觸在一起的手指的動作，藉著暗示，更能夠使對方產生信賴感，因此，對方的手指之間會逐漸變狹窄，這時——

「你看，碰在一起了。」

當你說出這句話的時候，接受實驗的人就真的被暗示似地，會配合手指互相碰觸的速度，好像追趕這個現象似的。

「手指碰觸在一起囉！」

當重複給予這個暗示時，就能夠巧妙地增加對方的被暗示性。

但是，不能光是給予對方暗示的言語，誘導者也必須配合對方身體的動作，給予暗示，這是一大重點。這樣子，才能使接受實驗者置身於容易產生暗示效果的狀態中，這種給予暗示的技法，稱為偽暗示法。稍後為各位敘述的身體搖動法，使用這個偽暗示法也具有很好的效果。

讓對方的意識處於不穩定狀態中，如果身體向右搖的話。

「你看，向右搖了。」

指出現象。相反的，如果向左搖，

「你看，現在向左搖囉！」

做出追趕著動作的暗示。如果對方的身體是向前後搖，而你說：

「看，向右搖了。」

做這樣的暗示反而會降低效果。雖然我先前曾說。任何人都可以做催眠誘導，但是，如果不利用這種秘訣或原理的話，就沒辦法順利地進行了。

似乎有點離題了，話說回來，請各位再次想起「手指靠攏測試」。一流的過程首先是這樣的。

「……你的手指互相靠攏了……」

暗示出對方即將要產生的反應，接著，

「你看，手指碰觸在一起了。」

起初，這個反應已經實際上因為暗示而發生了，重複說明，最後——

「完全碰觸在一起了，碰觸在一起了……哇，你的手指已經完全碰觸在一起了！」

強調已經產生了反應。

事實上，第二個秘訣就是在最後的過程上，

「碰在一起了，碰在一起了。」

說完以後，

「你看，完全碰在一起了。」

掌握住碰在一起的瞬間而追加暗示。

經常可見的催眠秀表演中，施術者會讓觀衆握住自己的兩根手指頭，表演好像要放鬆卻又無法放鬆的情景。然而，這大部分都只是催眠的技巧，這當中也包含著暗示的原理。例如：現在大家仔細看，觀衆握住了手指。

「請鬆開。」

話剛說完，在間不容髮之際又說：

「不能鬆開……你看，不能鬆開。」

在重要的部分用話語加強暗示。

進行催眠誘導時，不需要用特別的聲調，但是至少，對方是否能夠順利進行誘導而感覺不安時，就必須立刻反應在語氣上。可是，我們終究不是催眠術師，沒有辦法掌握住聲音的抑揚頓挫，不過，也不是說完全無法產生效果。

如果能夠做得很好的話，依循暗示的原理，改變聲調就可以了。在暗示之際，聲調不可以太大或太高亢，而要用平靜的中音說話，在對方產生反應時，配合反應的速度，話說得快些，或者是加上抑揚頓挫，促使對方的反應。接下來的重點就是，要用充滿自信的口吻說：

「你看，手指碰觸在一起了。」

做肯定式的暗示也是一大秘訣。

包括這種暗示的原理在內，進行被暗示性測試，如果做得不好，事實上我也曾遇過這樣的情況，在這時候，我們絕對不可有「失敗」的念頭而動搖信心，也不可給予對方這樣的想法。在誘導之際，盡量保持自信面對對方，這是很重要的一點。

不管是對自己或對被實驗者，必須要強調只是個測試，勿須太過擔心。有時候，

「很好，心情已經恢復平靜了吧？」

說著，

「再重複一次好了。」

甚至同樣的測試會重複施行好幾次。這時，就算是施行同樣的測試，也不必使用完全相同的暗示話語。每一次都要略微改變表現，這也是一個很好的方法。此外，

「在我數到十之前，手指就會碰觸在一起……十、九、八、七……一，你看，碰觸在一起了。」

在暗示當中加入數數的方法，也能夠順利地進行。

此外，觀察對方的反應，如果認為該測試不適合，就說：

「好了，很好了，你的心情已經平靜下來了。我們改做其他練習。」

說著，轉而施行別種測試。例如：使用稍後在誘導法中會介紹的凝視法，如果接受實驗者不願看誘導者的眼睛，則可以利用後倒法來替換。被暗示性測試有很多種，實際上在許多測試重複進行當中，就更能夠加深被暗示性。

此外，和「手指靠攏測試」非常類似的，也是利用同樣觀念運動來做的「手靠攏測試」。兩隻手掌打開三～五公分的間隔，使用和「手指靠攏測試」相同的方法，使手掌互相貼合。雖然使用的物體較諸「手指靠攏測試」為大，卻較為困難。與其說是一種被暗示性測試，還不如說是一種誘導法，在「手指靠攏測試」之後再來進行會比較順利。

以「手指靠攏測試」為例，向各位介紹暗示的原理與秘訣；其次，從各種被暗示性測試當中，為各位介紹「手糾纏測試」、「熱測試」、「印象測試」、「鐘擺測試」的方法。

2 手糾纏測試（你的手就算想離開，也無法離開）

這個測試是讓兩手手指交疊互握，給予「無法離開」的暗示，藉著無法離開的程度，了解被暗示性程度的方法。同時，不只是測試而已，藉著「無法離開」的禁止效果，可以提高被暗示性，當成誘導法的前一階段來使用。像這樣的情況也不少。

開始測試之前，首先脫下戒指、手環、手錶等物。誘導者站在接受實驗者的斜前方，

「像這樣，雙手向前伸出，張開手指。」

一邊說著，一邊伸出自己的雙手給對方看，並且要接受實驗者張開手指。

接著，誘導者雙手手指交疊給對方看，

「像這樣子，手指深深地交疊。」

說著，讓接受實驗者手指交疊。這時的重點就是，必須連指根都深深地交疊。

然後，

「彎曲手指，讓手掌盡可能地貼合。」

一邊說著，一邊指導接受實驗者彎曲手指，讓手掌緊緊地貼合。如果彎曲得不夠，便會失敗，因此，彎曲手指時一定要深深地彎曲，讓指尖彷彿貼住了手背一樣。

然後，誘導者用雙手包住對方的雙手，

「是的，就這樣子，手掌緊緊地貼合在一起。手指彎曲時，手掌更能緊密地貼合。而且，手指也會緊貼住手背。」

一邊說著，一邊拉對方的雙手，使其手臂向前伸直。

誘導者雙手置於接受實驗者的肩部，朝著手前端的方向撫摸二、三次，並說：

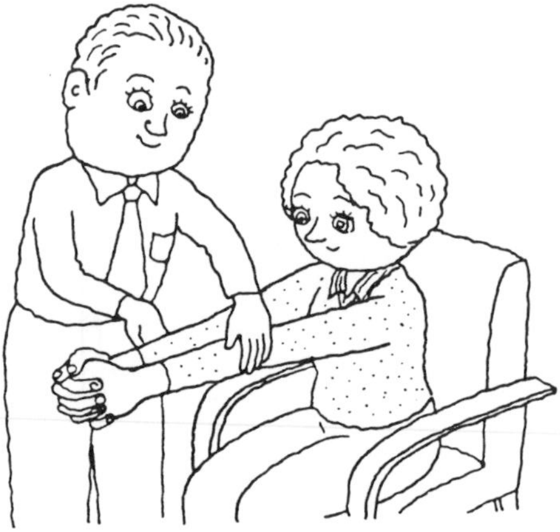

③從兩側壓接受實驗者的雙臂，
使其更為伸直。

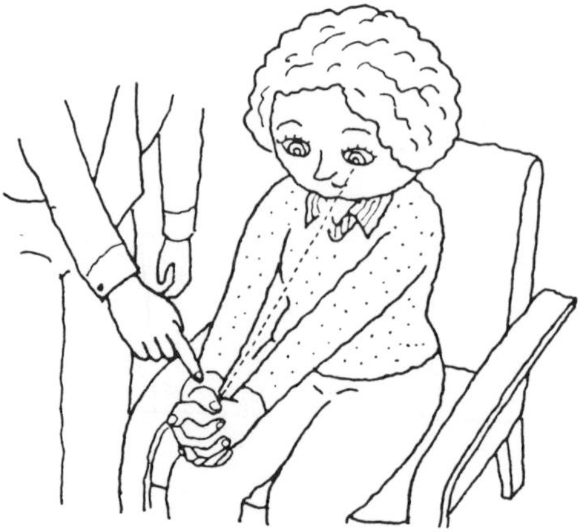

④讓對方凝視拇指指甲，
交疊的手無法分開。

手糾纏測試

①誘導者先做示範，
雙手手指交疊。

②手指與彎曲的手掌緊密貼合，
手臂朝前方伸直

「雙手強而有力地緊緊貼合著，手臂伸直變硬。」

使其手臂伸直了。然後，

「雙手緊緊貼合著，手臂伸直變硬。」

一邊說著，一邊撫摸二～三次，使手臂筆直伸展。最後，再一次讓對方的手掌緊緊地貼合，然後再次伸直手臂。

為什麼一定要使對方的手臂伸直呢？因為要使交疊的手鬆開，手指必須打開才行。那麼，一旦伸直手臂，就很難使手指打開。此外，即使打開，就如第一要點所說的，手指深深地交疊，稍微拉扯是沒辦法分開的。這就構成了手難以分開的條件，然後再給予「無法離開」的暗示。

這時，誘導者不要拚命地給予無法離開的暗示，先要用右手食指對著對方拳頭的拇指指甲做指示，

「請仔細看這拇指指甲。」

一邊說著，一邊讓對方凝視指甲，

「看到手指時，手指變硬，手也變得更硬了。」

這麼說著。此時，手以及接近對方手腕附近伸直的手臂，不能夠放鬆。然後。

「手已經無法分開了。就算你想把手拉開，也沒有辦法分開了。」說著來創造這種氣氛

，接著，

「是的，無法分開了！」

做出斷定的判決，然後在刻不容髮之際，「當你想分開，它們卻更加緊緊地貼合。」

「貼合得相當緊密，絕對無法分開。」

不斷地做這些暗示。然後將接受實驗者的手稍後朝左右晃動，這時，雙手完全貼合無法分開了。

在這些敍述當中，就和手指靠攏測試中所敍述的暗示同樣重要的是，凝視拇指的這個秘訣。也就是說，創造手無法分開的條件，必須要凝視拇指，使注意力集中於此，因此，根本不會去想到只要把手指鬆開，雙手就能分開，而只令想到手難以分開了。這即是秘訣所在。

反過來說，為了不破壞特意被提高的被暗示性，在對方還沒想到如何分開之前就解除測試是很重要的事。在解除測試時，要輕觸對方的手，

「現在兩手放鬆，把手指打開，就可以很輕鬆地分開了。」「是的，能夠輕鬆分開了。」

一邊說著，一邊使對方的手分開。

但是，如果對方抵抗暗示，而在中途打算鬆開手，卻又無法做到時，

「已經鬆開了，但是很難張開哦！」

說著這些話語，使得被暗示性顯著地降低。一旦看到對方手指伸直、手好像要分開的徵

兆時，在刻不容髮之際，輕拍對方的手，「好了，已經分開了。」做這樣的暗示，使對方的手分開就可以了。

我重複說過，誘導者必須隨時觀察接受實驗者的反應，好隨機應變地更換暗示與行動，這也是重要的一點。

將這手糾纏測試加以多樣化變化，在手糾纏以後，手不要互握，而是手掌向後翻，朝向外側，也是很好的方法。採用這個方法，和先前的作法一樣，手指伸張分開的危險性較少，而且能提高被暗示性，可以說更具效果。

由此可知，有「現代梅斯梅爾」之稱的美國米爾敦•艾利克森，為衆所周知的能引出對方些許身體反應的名手，但是不只是他，我們也可以正確地掌握手、腳等接受實驗者身體各部分的動作，隨機應變地加以利用，提高被暗示性。像這類的被暗示性測試，研究者各自開發的獨特方法也不少。

例如，由眼球的活動中，想去觀察被暗示性的人，正是心理學家波爾•貝根。他對四十六位大學生進行眼球轉動的實驗，發現左視線的人較容易誘導出催眠狀態，而右視線的人較難以誘導。

哥倫比亞大學的精神分析學者哈巴特•斯匹圭爾，也開發了藉眼球的活動測試被暗示性的方法。他發現在接受實驗者進入恍惚狀態時，眼球會骨碌骨碌地轉，隱藏在上眼瞼的下方。

因此，在進行睡眠誘導之前，讓對方的眼球轉動，而且朝上方看，然後再讓對方眼瞼半睜半閉，這就是他想出的方法。這時，按照眼白殘留的程度，來測試被暗示性。他指出，「眼白」占據大部分，而「瞳仁」幾乎消失的人，比較容易接受催眠誘導。

這些實驗還有研究的餘地，也許眼球的活動與被暗示性之間，的確是有一些關係也說不定。

3　熱錯覺測試〔你要注意，不久以後就會變熱囉〕

被暗示性測試能夠成為催眠誘導的暖身運動，或者是催眠誘導法，但是這個測試卻是為了了解接受實驗者的被暗示性而進行的，可以說是純粹的被暗示性測試。而且，必須要有特殊的裝置，不算是普通的方法，只介紹出來給各位當參考。

首先，在接受實驗者的額頭上貼上一個小加熱器，事先對其說明，一旦轉動轉盤，加熱器就會變熱。然後，讓接受實驗者慢慢地轉動轉盤，額頭上感覺到熱以後，立刻取下加熱器，這時，讓對方記下轉盤的刻度。

接著，再做同樣的實驗，然而，這次在對方沒有察覺的情況下，切斷電源，不使電流通過。然後，讓對方轉動轉盤，在接近第一次實驗所記下的刻度時，

「啊，注意了！不久之後就會變熱。」

做出暗示來。因此，被暗示性高的人，或是被暗示性已經提高的人，照說沒有電流通過，應該不會感覺到熱，但是他們卻會感覺到熱意。這個測試的變化，就是使用電極而來的。

4 印象法〔拉著汽球的左手向上升，放著電話簿的右手向下降〕

這個測試是利用印象和手的疲勞的方法，藉此可以了解對方的想像力是否豐富，此外，也可以得知對催眠的抵抗程度。

首先，讓接受實驗者坐在椅子上，閉上眼睛。然後使其深呼吸，整個人放鬆。誘導者握住對方的雙手，

「手輕輕向上抬。」

一邊說著，一邊讓其兩手抬到與肩同高。

輕握對方的左手，這時，要其拇指向上揚，

「現在拇指上綁著一根線，拉著一個大汽球，請做這樣的想像。」

這麼告訴對方。接著，再使其右手打開，然後手掌朝上，

「想像手上放著一本又厚又重的電話簿。」

做這樣的說明。

印象法

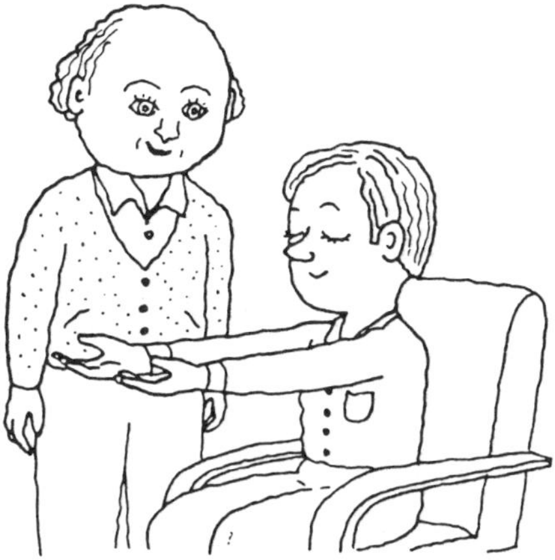

①使對方的雙手抬高到與肩同高。

⇩

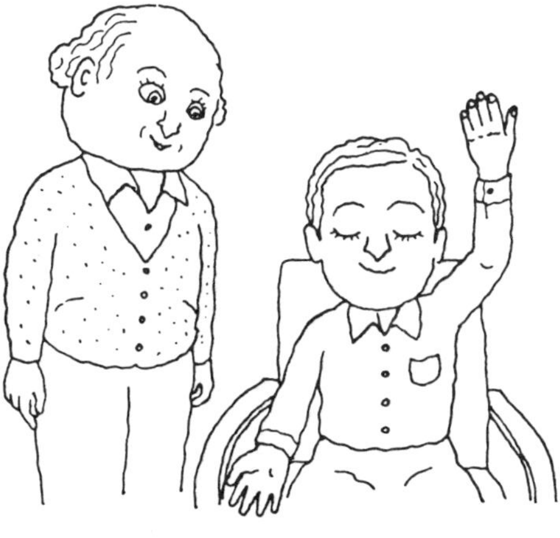

②拿著汽球的左手向上升，
拿著電話簿的右手向下降。

「請開始想像，拉著汽球的左手覺得漸漸變輕了……汽球正在冉冉上升。」

「拿著電話簿的右手漸漸變得沈重。」

「哦，變得更重了。」

做這樣的暗示。

如果對方的左手上升、右手下降，表示這個人具有較高的被暗示性。

如果相反的，左手下降、右手上升，則表示對催眠有抵抗感，則必須再從相互建立信賴的階段開始。

此外，雖然有時會做出完全相反的動作，然而，即使對催眠表示出抵抗性，也是具有某些反應，催眠誘導的可能性仍然很大，所以，不必過於悲觀。

因此，不上不下、完全沒有反應的情況，才是比較棘手的。這時，不要再固執一定要用印象法，而必須趕快轉用其他的被暗示性測試。

5 鐘擺測試〔握在你手上的鐘擺開始走動了〕

這個測試在被暗示性測試當中，原本就是常用的方法，而且任何人都可以做到，非常簡單。準備好一公尺長的線及十元硬幣，然後再找一張畫著直徑三〇～四〇公分的圓的白紙。

接受實驗者可以坐著，不過站著的效果更好。在地板或較低矮的桌上放著畫上圓圈的紙，然後讓對方拿著綁上硬幣（中間有圓空心的代幣）的線，硬幣在圓圈中心的正上方，距離稍遠些垂掛著。

一切準備就緒後，

「請將目光沿著橫線重複地動，你看，硬幣也開始動了。」

做這樣的暗示。這時，幾乎大部分的接受實驗者都會如暗示所言，鐘擺開始走動了。

接著，

「請將目光沿著直線動，你看，硬幣也產生同樣的擺動。」

做出這樣的暗示，這時，鐘擺也開始擺動了。

依同樣要領，做出眼睛向右繞圈或向左繞圈的暗示，這時，擺錘也會以畫圖的方式開始擺動，漸漸地，速度不斷增加，擺錘不斷地晃動。

此外，隨著擺錘的晃動，身體也會跟著搖晃起來的暗示，也是有效的方法。

這個測試是巧妙運用被暗示性測試、誘導法的共通原理而產生的，而且，讓接受實驗都站著進行，比較具有效果，因為站著拿線比坐著拿線更難使長線下的硬幣靜止不動。即使你不願意，它也會不斷地搖晃。當然，如果要坐著進行，線也必須縮短，這時，固定手臂的疲勞會巧妙地傳達到線上，而使硬幣擺動。

不管是哪一種情況，這些動作藉著暗示的言語表達出來，讓眼球轉動，就更能產生效果了。

任何人都能進行的催眠誘導法

1 從身體的搖動測試到後倒法（當我的手一放開，你就會向後倒）

利用被暗示性測試，充分提高對方的被暗示性，而誘導者就可以開始進入催眠誘導了。但是在前面也說過，在進行被暗示性測試當中，對方可能隨時就進入催眠狀態了。誘導者雖然想給予覺醒暗示，但對方很自然地就移到催眠狀態中。在為各位介紹各種催眠誘導法時，我認為當成被暗示性測試最有用的方法，也是可以直接成為誘導法的，最有效的方法就是「身體搖動測試」及「後倒法」。

身體搖動測試是，給予對方身體搖動的暗示，而按照當時搖動的程度，了解被暗示性。這種測試也分成站著進行及坐在椅子上兩種方法。而坐在椅子上進行時，多半不是用於測試，而是進行真正的催眠誘導，因此，稍後再為各位敍述。

如果是站著的方法，又分成單純的向前後左右搖動，更進一步向後倒（後倒法）或向前倒等。首先，從搖動開始進行，為各位說明最普遍的後倒法。

首先讓對方站好，閉上眼睛。接著，腳跟與腳尖完全併攏。這個動作是重點所在，一旦雙腳併攏，身體就會變得不穩定，較容易因誘導而產生動作。誘導者說：

「請放鬆肩膀的力量。」

一邊說著，一邊用手從肩膀撫摸到手的前端，使其放鬆。或者將手置於雙肩，使其輕輕搖動亦可。如果沒有任何抵抗就開始搖動的話，那表示已經放鬆了。

這時，誘導者說：

「身體已經搖動了。」

給予這一類的暗示。這時，配合對方身體自然的搖動而給予暗示是相當重要的。例如，當對方的身體稍微向左搖時，

「你的身體開始向左搖了。」

經由誘導者的話，對方就會感到自己的身體真的向左搖了，於是就會想站直。這時，你又說：

「身體向右搖了。」

給予這樣的暗示，漸漸的，暗示就會與對方身體的搖動吻合。這時，因搖動程度的不同，就可以得知對方的被暗示性程度，依情況的不同，也有很多人在這個階段就進入催眠狀態了。

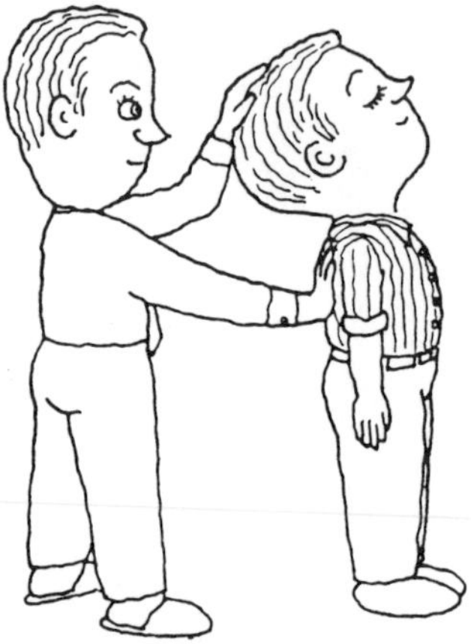

③頭向後方倒，接受實驗者
的重心置於腳跟。

④誘導者鬆手時，
對方自然地向後倒。

後倒法

①腳跟、腳尖完全靠攏，
接受實驗者站立。

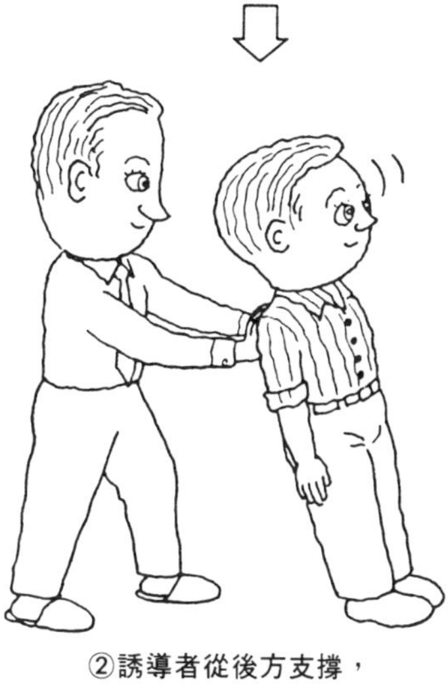

②誘導者從後方支撐，
嘗試做幾次倒下練習。

此外，從搖動開始往後倒的「後倒法」也是其中一種方法。誘導者站在對方身後，使其閉上眼睛，然後將雙手放在對方肩上。

「當我放開手後，你會感到有東西將你向後拉似地，向後倒下。」

「就算倒下了，我也會在後面支撐著你，不用擔心。」

「我們來試看看。」

說著，兩者拉開十五公分的距離，

「好，倒下看看。」

「來，倒下來。」

一邊說著，一邊用手支撐著倒下來的身體。如果對方感到很緊張，就要使其放鬆，盡可能重複前面的幾項動作。接著，誘導者將雙手指尖對著對方的兩側太陽穴，使其頭向後仰，臉向上抬。然後好像從後面支撐似地，手置於肩部，將對方向後拉，使重心放在腳跟。藉著這個動作，使身體的平衡崩潰，這時，按住對方的肩膀，

「當我的手放開時，你就會向後倒下。」

一邊說著，一邊放開手。

「是的，你已經倒下來了。」

然後用雙手牢牢地接住對方倒下的身體，再次恢復原狀，如此重複進行二～三次。此時

為了不讓對方的腳後跟移動，誘導者最好用腳抵住對方的腳後跟。

通常，用這個方法可以提高對方的被暗示性，再讓其坐在椅子上，進行身體搖動法等誘導法，就很容易進入催眠狀態了。如果就讓對方倒下或躺在地上，對方容易產生不安與恐懼感，宜盡量避免。

2 凝視法〔緊盯著看，眼瞼沉重而下垂〕

十九世紀，美國外科醫生詹姆士•布雷德實驗梅斯梅爾的「動物磁氣」，發現催眠不是一種身體現象，而是一種心理效果。他用英文的 Hypnosis 來加以表達，布雷德將它用在外科醫療上，是第一位將催眠自魔術領域中救出的人士。

他開發出催眠誘導的古典方法「凝視法」。他的方法是誘導者右手拿著一發光物體，置放比對方的眼睛高出二〇～三〇公分的高度，讓其凝視此物體。這時，對方的瞳孔會逐漸縮小，然後再逐漸放大。瞳孔的放大、縮小重複出現時，誘導者再以右手的食指與中指做成V字型，伸到對方的眼前，這時，眼瞼會不斷地抖顫，然後閉上，對方便被催眠誘導了。

現在，這個方法已經加以改良，變成重視對方「自主性」的方法。讓對方坐在椅子上，放鬆身體，然後誘導者用左手輕輕支撐住對方的脖子後方，固定頭部。再把凝視點設在比對方眼睛高出三〇公分的距離。凝視點以像小點似地物體較佳，最好是會發光。例如：筆型手

電筒或是鋼筆尖等。然後，

「張開眼睛，凝視著這個東西。」做出這樣的指示。

「再注意看它。」

「一邊凝視著它，一邊聽我所說的話。」

「再用力地看。」

一邊說話，一邊移高凝視點十五公分左右。這時，要牢牢地固定頭部，利用眼球向上移動來凝視光點。因為這樣容易使對方的眼睛疲勞。一直凝視時，一旦注意力集中，就會停止眨眼。但是，不久之後，對方的眼睛應該會感到疲勞。這時，自然就會開始眨眼睛了。

「一直凝視著，覺得眼瞼開始沉重了。」

「眼瞼沉重，逐漸下垂了。」

給予對方這一類言語的暗示，接著，實際上對方的眼瞼就開始下垂了。然後再推波助瀾一番。

「快要完全垂下了。」

「眼瞼已經完全閤上了。」

配合眼瞼下垂的暗示，凝視點逐漸下降，當眼瞼下垂時，就會劇烈地眨眼睛而想要閉起來。

凝視法

①將鋼筆放在比眼睛更高的
位置，讓對方一直凝視。

⇩

②眼瞼漸漸下垂，誘導對方
進入催眠狀態。

「眼瞼非常疲倦了，靜靜地閉上眼睛吧！」

說著，讓對方閉上眼睛。

最後，手放在對方肩膀上，使其放鬆而誘導催眠。

「身體的力量放鬆，覺得非常舒服吧！」

「現在，已經進入深層的催眠狀態中了。」

當成誘導法的凝視法到此告一段落，但是必須注意，在讓對方看凝視點的時候，誘導者不能夠進入對方的視野中，因為恐怕分散了對方的集中力。

昔日一著名電影「雷別卡導航系統」中，曾出現利用凝視吊燈而進行催眠誘導的場面。針對催眠進行專門研究的我，對此頗感興趣，在這種場面中，誘導者會若無其事地搖晃吊燈，使對方的意識集中於此，當意識範疇變得狹窄時，再來給予暗示，這可以說是凝視法的一種變形。

此外，昔日世界拳擊賽重量級冠軍穆罕默德•阿里，就曾出現使用催眠術的騷動事件。在第一回合終了鈴響前，中間夾著裁判的兩位選手相互對峙時，他會瞪大眼睛，好像要射穿對方似地瞪大眼睛。

同時，還會大聲叫嚷道：「你會輸！我是世界第一，你不可能贏得了我。」藉此心理作戰，他未戰便已取得先機。也許對方便被阿里的眼睛奪去了「魂魄」，再加上言語的暗示，

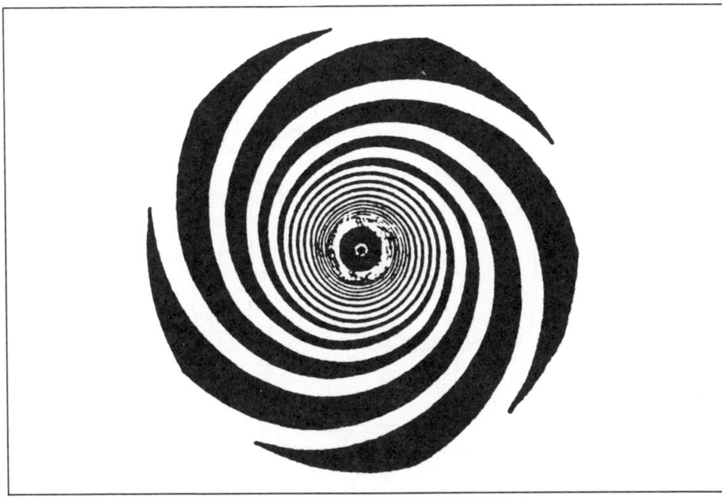

催眠用催眠盤

因而先喪失了戰意也說不定。如果這是事實的話，那麼阿里能夠善用「凝視法——奪魂魄法」，應該就是位很好的暗示者了……

此外，催眠裝置的催眠盤，也是藉著視覺支配的原理而使用催眠誘導。

方法如下。上段旋渦狀的圖形——催眠盤，像唱盤一樣，藉著電源而轉動，將對方的視線拉來與此盤成直角相視，距離三十～四十公分左右。讓對方放鬆以後，插上電源插頭，轉盤便會旋轉。「一直看著它。」在對方凝視二～三分鐘之後，

「你應該會感到逐漸被吸入漩渦中了。」

「你看，漸漸被吸進去了。」

「現在應該感到身體好像被向前拉似的。」

「逐漸被拉向前了。」

如果因為這個暗示，對方的身體向前彎曲

的話，

「開始眨眼睛了。」

「眼睛疲勞，眼瞼下垂了。」

重複這些暗示，引導對方進入催眠狀態。這只是應用催眠盤這種機械，然而原理卻是凝視法的一種變化。

3 手開閉法〔當我的手放開時，你的手會一直張開〕

這個方法是利用手的動作，因此，能夠較快進行誘導。

讓對方坐著、放鬆，誘導者站在其前方，握住對方的手，手掌完全貼合。然後，

「當我的手鬆開時，你的手自然地張開。」

一邊說著，一邊使對方的手張開。這個步驟一邊讓對方放鬆，一邊重複進行一、二次，然後再次雙手貼合。接下來的誘導，就算睜著眼睛進行也可以。但在這個時間，可以讓對方閉上眼睛進行。誘導者輕輕地抬起對方的雙手，確認力量已經放鬆以後，

「當我的手放開時，你的手會張開。」

說著鬆開手。由於對方的手是處於脫力狀態，因此會自然地下垂、張開。掌握這個瞬間，

「已經張開了。再張開點，一直張開著。」

誘導者一邊說著，一邊張開雙手，這時對方的手也為了與其配合似地張開。配合對方自然的動作的時機是大秘訣。當對方的手張開到如肩寬時，

「好了，停止。」

說著停止動作，手掌朝上，從下方支撐對方的手。接著，

「現在，手輕輕地一直向上升。」

說著，將對方的手稍微向上抬，這時，對方的手就會漸漸上升。同時，

「你看，已經上升了。逐漸上升了，一直上升著。」

「漸漸接近頭了。」

「你看，手已經接近頭了。」

「當手碰到頭時，眼瞼會逐漸變得沈重。」

做這樣的暗示。實際上，當對方的手到達頭部以後，

「你的眼瞼已經有點疲倦，開始眨眼了。」

「手更加用力地抵住頭了。」

繼續追擊，使對方的眼睛真正地閉上。然後，

「當我數到三時，手會放開。」

做出這樣的暗示。誘導者數到三以後，使對方的手落至膝上。

④手碰到臉以後，做出眼瞼逐漸沈重的暗示。

⑤「數到三以後，手離開臉」說著數三。

⑥當手落在膝上時，誘導對方進入深層催眠狀態。

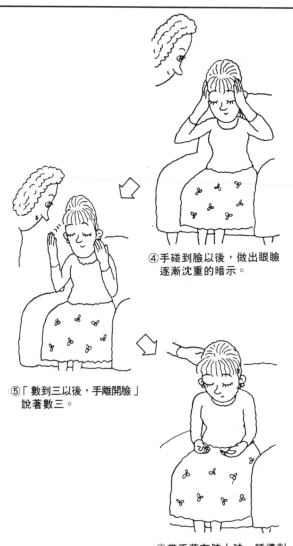

手開閉法

①誘導者握住對方的手，使其開閉一、二次。

②這次不要握住手，讓對方的手自然張開。

③「手輕輕地向上抬」說著稍後從下方支撐。

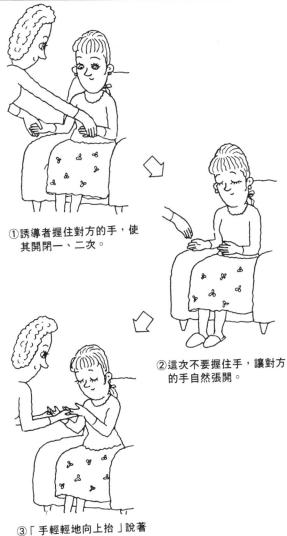

「手變得沈重，落在膝上。」

「當手到達膝上時，就能誘導更深一層的催眠。」

等到對方的手碰到膝蓋以後，

「手碰到膝蓋了。」

「頭變得沈重，逐漸下垂。」

「頭變得更下垂了。」

藉此暗示使對方保持前彎的姿勢，頭下垂，進入催眠狀態。

4 手上舉法〔膝上的手輕輕地浮上來〕

「手上舉法」的手部運動和暗示的時機也是很重要的。

盡可能地讓對方深坐在椅子上，調整呼吸以後，使其放鬆，然後再給予以下的暗示。

「請張開眼睛。」

「手用力。」

誘導者將手指張開給對方看，

「像這樣子伸直。」

要對方做出同樣的動作。

「現在，放鬆力量。」

「是的，就這麼做。」

「再一次用力。」

「是的，就這麼做。」

「好，現在完全放鬆力量，輕鬆地把手擱在膝上。」

藉此就完成了進入誘導的準備。

誘導者左手放在對方肩上，然後用右手食指指著對方的手臂說：

「請凝視右手手臂。」

當對方的注意力集中於右手時，提高對方視覺的自覺。其次，

「在仔細凝視時，你會注意到許多事情。你會不會覺得手的力量已置於膝上了呢？」

這時，對方的注意力轉移到手和膝蓋的感覺器官上，

「你還會注意到很多事情吧？會不會覺得手因為承受膝的溫暖而變得溫暖了呢？」

這是理所當然的生理現象，但是，通常我們都不會注意到。給予這樣的暗示，就能使對方的感覺變得敏銳。然後，再給予如以下的暗示刺激。

「有沒有發現手指在那兒微微地動了呢？」

「手指微微地動，指尖也逐漸張開了。」

④手碰到臉以後，給予眼瞼逐漸沈重的暗示。

⑤「數到三以後，手離開臉」說著數三。

⑥當手落在膝上時，讓對方採前彎姿勢，引導進入深層催眠狀態。

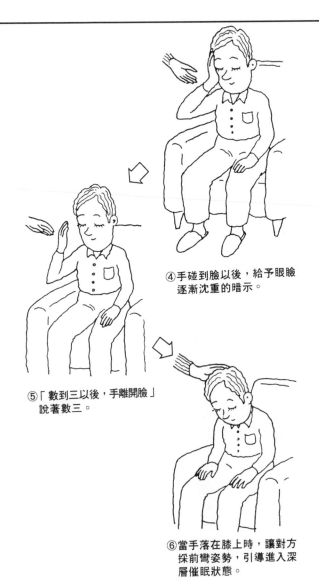

手上舉法

①使對方手伸直，然後重複用力、放鬆的動作，使其完全放鬆。

②讓對方的注意力集中在膝上的右手上。

③給予「手不再感覺沈重，變輕」的暗示，使其右手上浮。

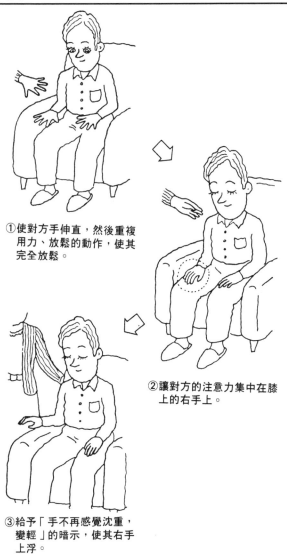

「應該感受到手置於膝上的重量吧?」

「不過現在是否已覺得不再沈重了呢?」

「手變輕了!」

「啊,手浮上來了!」

給予這些暗示時,對方的右手指會張開,而且緩緩上浮。這時,誘導者用左手輕輕抵住對方肩膀的後頭,對於動作的產生更容易有效果。

「你看,一直向上浮。現在已經碰到你的臉了。」

如果對方的手碰到了臉的話,則一直到進入催眠狀態的順序,都和前面所介紹的「手開閉法」是相同的。

「你看,手一直上浮了!」

「已經稍後有點碰到臉了。」

「當手碰到臉時,眼瞼逐漸變得沈重。」

藉著這些暗示,在對方的右手碰到臉時,就真的會閉上眼睛了。

以這些方法便能誘導對方進入催眠狀態,但是必須確保催眠狀態既深且長。

「在我數到三以後,手會離開臉部放下來。」

說著,誘導者開始數一、二、三。等到對方的手放下來以後,

「手變得沈重，落在膝上。」

「當手碰到膝蓋時，全身力量放鬆，人變得輕鬆。」

持續這些暗示，當對方的手碰到膝蓋以後，

「頭逐漸下垂。」

「一直下垂。」

「頭下垂以後，你會進入更深層的催眠狀態中。」

一邊給予頭下垂的暗示，誘導者一邊將左手輕推對方的肩膀，使上半身稍微向前傾。然後，如果對方的手落在膝上，引導其進入鬆弛無力的狀態也可以，就算沒有達到這種狀態，對方也能充分地進入催眠狀態中。

誘導法的重點之一，以這個技巧來說，就是手變得沈重，置於膝上↓心情變得輕鬆，頭下垂↓頭下垂以進入深層催眠狀態，也就是說，這幾個動作要連續進行，預告動作做完以後會發生的事情。

此外，在被暗示性測試中也為各位探討過，第二個重點就是在暗示的言語中加上數數字，而第三個重點則是一次的暗示要重複好幾次。這些都是有效誘導催眠的秘訣。

5 節拍器法〔在聽節拍器的聲音時，覺得心情很愉快〕

以上是經常使用的催眠誘導法，不過，誘導法具有多樣性的變化。最後，為各位介紹「節拍器法」。手續如下所述。

「現在，我讓你聽節拍器緩慢的聲音。請閉上眼睛來聽。專心聽聲音，不要理會其他的聲響。」

一邊說著，一邊使節拍器敲出一分鐘五十節拍的節奏。

『咔吱、咔吱、咔吱……』配合節拍器的聲音，給予言語上的暗示。

「覺得心情逐漸變得愉快了。心情變得更愉快了，咔吱、咔吱、咔吱……」

「咔吱、咔吱、咔吱的聲音，能夠引導你進入深層催眠狀態。」

言語的暗示進行了一會兒以後，接下來的工作就全交給節拍器單調的聲音了。重複出現的聲音，送到大腦的新皮質處，也許會產生制止其功能的效果吧！通常在三十分鐘以內，就能夠成功地誘導催眠。

像念佛或念經的效用，也與此類似。坐禪時，人坐在那兒，經常會念「普勸坐禪儀」經。這時，僧侶會提醒衆人，「這經不是用眼睛來看，而是一邊聽隔壁的人念經的聲音，一邊配合著念。用耳朵來念。」目的不在於了解經文的意義，而是配合聲音，很有節奏地念經。

實際上，經文的特色就是「陳腔老調」。連續同樣的文句，重複好幾次，在重複念這單調的文句當中，就能產生一種與催眠製造出來的放鬆狀態類似的情況。

除了這兒所列舉的誘導法以外，還有很多的變化。但是，通常只要熟悉基本的方法，就比較容易學習許多的技法。此外，因時間和情況的不同，當然要從衆多方法中挑選最有效的誘導法。

製造更確定催眠狀態的深化法

1 身體搖動法（身體搖動時，覺得心情愉快）

利用前節所說明的誘導法進行催眠誘導時，幾乎沒有人能夠一開始就進入深層的催眠狀態。能夠一開始就進入深層催眠狀態的人，以我的經驗而言，大概十人當中只有一、二人而已。在這兒要介紹能夠達到更深層、更安定催眠狀態的方法，就是深化法。為了藉著催眠產生無感覺狀態或幻覺、人格變換、後催眠暗示等現象，因此，引導接受實驗者進入更深層的催眠狀態是必要的。

在進入「身體搖動法」的說明之前，為各位列舉進行深化法一般的注意要點。例如，事先了解接受實驗者藉著誘導法而產生的催眠深度已到何種程度，然後再選擇適合這個階段的深化法。首先，如果是處於較淺的催眠狀態，「身體搖動法」等所謂以「運動暗示」為主體的方法，可加以使用，其次，「反覆誘導法」「深呼吸法」「數數法」等也可使用。此外，如果藉著誘導法，接受實驗者進入較深層的催眠狀態時，立刻使用「想像法」，比較具有效果。

首先，為各位探討「身體搖動法」。

這個方法在誘導法一開始所介紹的「後倒法」中，稍微向各位說了一點，要使較淺的催眠狀態深化時，經常會用到。當接受實驗者經誘導法進入催眠狀態中，讓其坐在椅子上，頭下垂，上半身盡可能保持向前傾的姿勢。而誘導者則用一隻手接住對方的肩膀，用力地搖動，並說：

「當我搖你的身體時，身體力量要放鬆，進入深層催眠裡。」如果對方的身體裡還存有力量，就要使其放鬆，放掉身體裡的力量。

「朝左右用力地搖動了。」

一邊說著，一邊不斷地搖動對方的身體，終於，對方會自動地搖晃起來。這時，誘導者放開手。

「就算我放開手，你也會搖動。」

「你看，在那兒大大地搖動著。搖動得更厲害了。」

「搖動時就能放鬆力量，覺得心情很愉快。」

「搖晃得更大了。」

在持續給予這些暗示時，對方身體的搖動會逐漸擴大。最重要的是，誘導者要等到對方身體完全自動搖晃以後，才可以放開手，如果太早放開，對方無法順利搖動身體，再者，若是手一放開，對方就停止搖動身體，那必須再一次搖動對方的身體。

當對方的搖擺幅度增大時，

「我數到三以後，就會向前後搖。」

「一、二、三。」

「你看，已經向前後搖了。」

通常，接受實驗者的身體就會向前後搖，這時，誘導者將手置於對方的肩膀上，

「一邊搖動，頭漸漸被拉向後面。」

「頭又被向後拉了。」

在這個暗示的步驟，誘導者輕輕按住對方的肩膀後方。

「頭一直一直向後拉。」

「身體也向後拉了。」

誘導者一邊給予這樣的暗示，一邊讓對方的身體向後靠。

「又被拉到後面了。」

③接著給予「朝前後搖動」
的暗示，使其前後搖動。

④「頭被向後拉」，使對方
的身體向後靠。

身體搖動法

①使對方身體前彎，輕推肩膀，使身體朝左右搖動。

②當對方能持續搖動時，由其自動地搖動。

由於是坐在椅子上，這時，接受實驗者的頭會變得不穩定，因而感到不安，
「就算被拉到後面，我也可以用手接住。」
事先說這些話以安定對方的心。接著，
「身體的力量更放鬆了。」
一邊說著，一邊用手抬起對方的頭。
「現在頭下垂，下垂以後讓你覺得更輕鬆，開始打盹了。」
由於這個暗示，對方的頭下垂，隨著恢復到深化法開始時的姿勢，就能夠進入深層的催眠狀態中了。

2 反覆誘導法〔當我拍手時，你會清醒。然後，再次進入深層催眠狀態中〕

這是催眠與清醒交互反覆進行的方法。當然，所謂的清醒並不是完全覺醒的狀態，還是有一點催眠狀態滯留的狀態。

根據加奈的說法，人從催眠狀態清醒以後，也會維持淺催眠狀態短暫的時間。這個傾向在清醒的速度越快速的時候越強烈。有效利用這一點的，就是「反覆誘導法」。因此，掌握反覆進行的時機，是非常重要的。在還沒有完全覺醒以前，必須再次引導對方進入催眠狀態，這才是重點所在。

藉著誘導而進入催眠狀態的接受實驗者，誘導者給予以下的暗示。

「當我的手拍三下（或數到三）時，你就清醒。但是，再一次地比先前更快地進入深層催眠狀態。」

「一、二、三。」

等待對方睜開眼睛，在刻不容髮之際，

「一直凝視著我的指尖。」

「眼瞼非常沈重，一直下垂。」

當眼瞼開始下垂以後，

「靜靜地閉上眼睛。你會非常輕鬆地進入深層催眠狀態。」

這個方法要適當地反覆進行，才能夠使對方漸漸地進入深層催眠狀態中。

3 深呼吸法〔吸氣、吐氣，一直吐氣，力量漸漸放鬆了〕

深呼吸法在催眠誘導的各階段，都是非常有效的方法。在準備時，也有助於使對方放鬆，能夠發揮更順利地進入誘導的效果，甚至也有人光是利用深呼吸法來進行催眠誘導。

總之，讓在催眠狀態中的對方進行深呼吸，就能夠引導進入更深層的催眠狀態。

「現在，你要開始做深呼吸，每一次的深呼吸都會放鬆身體的力量，輕鬆地進入深層催眠狀態。」

「用力地吸氣、吐氣，一直慢慢地吐氣。」

「吸氣、吐氣，一直吐氣，吸氣、吐氣，一直吐氣，現在漸漸覺得輕鬆了。」

「吸氣、吐氣，一直吐氣，力量已經放鬆，完全感到輕鬆。」

重複這個方法。最重要的是，誘導者必須配合對方的呼吸，毫不勉強地使其深呼吸。如果不自然進行的話，進展一定不順利。

4 數數法〔一、二、三，誘導對方漸漸進入深層催眠狀態〕

和深呼吸一樣，慢慢數數字，也有使催眠深化的效果。

這方法是需要集中注意力的深化法，因此，一定要用平靜、緩慢的語調來進行，配合接受實驗者自然的呼吸，進行數數，才是能夠順暢深化的條件。此外，數數也分成誘導者數、接受實驗者自己數兩種情況。

「當我數到二十（或三十～五十）時，你就會被誘導進入更深層的催眠狀態。」

「聽我的聲音。漸漸被誘導進入深層催眠狀態中。」

「好，一、二、三。」

「你開始打瞌睡……變得更輕鬆了。」

「十一、十二。」

以這個調子進行深化。由誘導者數數，要使對方的注意力集中在你的聲音上。若是對方自己數數，也是同樣的情況。數數的方法，除了從一依序開始以外，也可以採倒數的方法。但是，以難易度而言，倒數當然是稍微困難了點。

5 想像法〔當你走下一階一階的樓梯時，就會進入深層的催眠狀態〕

要使接受實驗者成為想像的主角，必須進入相當深層的催眠狀態才行。因此，在進行「想像法」時，其前階段必須使對方進入中等程度的催眠狀態才行。所描繪的想像，以視覺的想像較具有效果。想像也有各種情形，我們使用的是「階梯法」。

「想像你現在正站在白色樓梯的最頂端。」

「在你眼前，看見了紅色牌坊，有十階白色階梯向下延伸。」

「是的，能夠看到白色的階梯了。」

「看到以後，請舉起右手向我做出信號。」

「現在，慢慢地，一階一階地走下這個階梯。」

「是的，一階再一階，慢慢地走下去，漸漸地，你就能進入深層催眠狀態了。」

「是的，一階又一階，終於到了最後的第十階。」

「是的，直走到下面去。你已經進入深層的催眠狀態中了。」

像這樣子，同樣是視覺的想像，利用紅色或白色等能使對方更明確地想像的色彩，或是在數階梯時能夠明確地暗示出終點，都能夠產生更大的效果。這個「階梯法」，還包括了升降梯（電扶梯）法等各種方法，順序是相同的。

清醒以後覺得心情爽快的覺醒法

覺醒法要在催眠中的禁止暗示解除以後再施行

藉著深化法所得到的深層催眠狀態，經由各種的暗示，能夠克服神經衰弱或進行教育指導，配合各人的問題，發揮各種的催眠效用。當然，不能夠讓對方一直維持在催眠狀態中。如果放任不管，對方無法清醒。因此，原則上要使用一定的覺醒法。

覺醒包括快速進行與慢慢清醒等各種方法，但要避免過於快速清醒。通常，一般人不論在心理或大腦生理方面，從催眠狀態到清醒，要花一定的時間。

此外，在使用覺醒法以前，誘導者不要忘記在給予放鬆暗示的同時，要將在催眠中所給予的不自然暗示或禁止暗示，全部加以消除。例如，

「手僵硬，無法彎曲。」

使對方產生僵住症等的症狀時，

「手變得柔軟，力量放鬆。」

在給予去除手緊張的暗示以後，使對方放鬆，才能引導覺醒。如果忘記了這一點，在往後的日常生活中會引起不方便，感覺不舒適，對方下次的催眠誘導，就會產生抵抗感。

通常，從催眠到清醒以後，心情會覺得非常爽快，但是，也有人會出現頭昏等現象。因此，誘導者事先可以——

「清醒以後頭腦清明，心情愉快。」

給予這樣的說明。此外，有時就算施行清醒法，對方也可能無法清醒過來，這時，不要慌張，讓對方閉上眼睛，指示保持安靜，這樣子就能夠清醒了。或者是再次讓對方進入深層催眠狀態中，重複使用覺醒法，就算第一次不順利，最後也能夠獲得成功。

覺醒後和對方商談催眠中的感想等

覺醒法的暗示要以下述的方法進行。

「我就快要叫醒你了哦。」

「叫醒你時覺得心情愉快，而且平靜。」

「當我數到五時（或者拍手），你就會清醒。」

「一、二、三。」

「眼前變得很亮了哦！」

「開始眨眼了。」

「四、五。」

「好，靜靜地張開眼睛。」

「以非常愉快的心情張開眼睛。」

如果要拍手，在數到五時同時拍手，啪地使對方清醒。

如果對方沒有立刻張眼睛，

「再過一會兒你就會完全清醒了。」

可以這麼做。不過，最好是使對方再次進入輕度的催眠狀態，然後施行覺醒法，效果會比較好。

像這樣子使對方清醒以後，誘導者不需要很擔心地問：「覺得還好吧？」「心情怎麼樣？」之類的問題。這樣子，反而會使對方不安，與其如此，還不如在對方清醒以後，與他詳談接受催眠誘導或暗示時的心得與經驗。

藉著自由訴說感想或印象，不僅能夠清楚地了解接受實驗者的催眠的心得與態度，也能使你更順暢地進行下一次以後的催眠誘導。

自我催眠法與坐禪的修養法類似

從他者催眠到自我催眠的過程

本章從催眠誘導的準備開始，將包括催眠誘導的暖身運動效果的被暗示性測試、誘導法、深化法、覺醒法等催眠誘導的技法，盡可能以一般的方法介紹給各位。到目前為止所敍述的誘導技法，全都是被他人誘導進入催眠狀態的「他者催眠」技法。最後，再為各位探討「自我催眠」技法。

自我催眠技法——自我催眠法，就是自己給予自己暗示，以進入催眠狀態的方法。昔日的催眠法，指的就是他者催眠法，但是，現在由於不斷追求催眠效果與應用的可能性，因此，也產生了自我催眠法。

稍微為各位介紹專門性的話題。心理輔導或精神療法，大致都會對於前來求助的患者給予忠告或建議，包括積極發揮作用的「指示方法」，或是不給予任何指示的「非指示方法」。當然，依情況的不同而有不同，一般而言，讓對方自己來克服障礙或煩惱，促使對方內發性的非指示方法，更能達到心理輔導或治療的效果。

但是，暗示——尤其是這當中使用催眠的療法等，誘導者引導患者進入催眠狀態，再藉著催眠暗示，有時能將心理狀態引導到其他的方向，或者是讓對方產生一種很像無意識狀態的疑似體驗，像這種「指示方法」，是屬於較為極端的作法。

事實上，催眠療法對於某些症狀會產生好像戲劇性變化似的有效性。曾經有位數年來因明顯的心因性腳痲痺而無法步行的婦女，嘗試催眠治療以後，僅僅藉著幾次的催眠誘導，就能夠站立步行了。但是其一大缺點，就是這類心因性的疾病，如果不去除心中的傷害，症狀有可能再重複出現。當然，這位女性使用先前提及的催眠分析，探索其心靈的傷害，加以淨化，就能夠根本的治療。但是，如果不是心因性的疾病，例如，利用引導進入催眠狀態而施行無痛分娩的訓練時，就會碰到同樣的問題。從妊娠初期到生產為止，如果不經常接受催眠誘導訓練的話，光靠一次訓練，效果淡薄。

由於有這層考量，再加上希望提升對方本身的內發性，許多人研究出不要依賴誘導者，而隨時都可以自己對自己進行催眠誘導的自我催眠法。儘管如此，並不是說只要對自己加以暗示，就可進入催眠狀態，這是大家要明白的一點。

他者催眠係對方誘導者積極的誘導動作，接受實驗者只要被動地接受就可以了；而自我催眠則是同一個人負責這兩樣工作。因此，如果只是原原本本使用一般催眠誘導的技法，將無法有效地進入催眠狀態。

由於自我催眠法獨自的方法尚未確立，因此，自我催眠法的效用雖然自古就為摩耶、福克拉等一部分的學者所稱許，但事實上，具有自我催眠法的要素的瑜伽行法、坐禪觀法、數息觀、白隱禪師的內觀法、軟酥法等，雖然能在宗教的修養或身心的調整上產生效果，但也是無法在臨床、應用方面產生充分的效果的原因之一。

不過，最近「只要自己給予暗示就能催眠」，這種簡易的方法被抹殺，不必像被稱為禪師的人那樣，進行長時間的修行，任何人都能夠實行的自我催眠法，被研究出來了，與他者催眠同樣能產生很大的效果。

這個方法有很多，在這兒為各位介紹最普遍的，在催眠中誘導者進行後催眠暗示，以及自己獨自進行的兩種方法。

後催眠暗示的方法

如果打算自己進行催眠誘導時，必須主動成為誘導者，同時擁有被引導進入催眠狀態的接受實驗者的被動心態。這可以說是施行自我催眠法最困難一點，而想要渡過此難關，若是自己還不熟悉的話，可以請別人為你進行催眠誘導，在催眠下，

「此後自己給予自己暗示，就能夠進入催眠狀態。」進行這種暗示的方法，是最為確實

的方法。

這可以說是他者催眠法與自我催眠法的橋樑方法，藉著後催眠暗示，自己能夠熟悉自我催眠的方法，以下述的方式進行。例如，藉著手上舉法誘導催眠，請誘導者給予自己以下的暗示。

「你現在從催眠中清醒以後，按照現在的方法就能夠進入催眠狀態。」

讓對方給予你這種暗示，重複說明藉著手上舉法的暗示話語，能夠「由你自己進行」。

「你坐在椅子上，保持輕鬆的姿勢，雙手置於膝上，凝視著右（左）手背。然後，如先前所做的一樣，你的手指會開始輕微地動，手漸漸地浮上來了。在你心中，從手開始浮上來時，就不斷地重複暗示，手漸漸地浮上來，手更加浮上來靠近臉的部分。然後，像先前所做的一樣，手一直向上抬，貼在臉上。當手碰到臉時，你的心情愉快，進入催眠狀態。」

「進入催眠狀態以後，你可以給予自己所想要的暗示。當你想要清醒時，只要在心中默數一、二……五，等到數完五以後，說『清醒』，就能夠心情愉快地清醒了。」

讓誘導者對你做這些暗示，然後再使你清醒，自己便可以施行手上舉法。但是，為了增加後催眠暗示的暗示效果，暗示內容可能在清醒以後就記不住了。因此，在清醒以後，要讓誘導者再重新對你說明手上舉法的順序。然後，自己試著進行看看，如果進行得不順利，可以請在身邊的誘導者，小聲地給予暗示。就這樣，自己重複做幾次，通常就能夠順利地進行了。

如果被暗示性較高，能夠進入深層催眠狀態的人，就更容易熟悉了。簡單的信號言語——如「深呼吸三次」——先決定好，然後在催眠中，

「你給予自己信號言語，就能夠心情愉快地進入催眠狀態中了。」

光是請對方給予你這樣的暗示就已足夠。

像這樣子，如果隨時都能自己進入催眠狀態的話，就能夠使得身心放鬆，壓力、焦躁都能夠消除。但是，更積極的效用例如，想在考試時不要急躁，事先可以製造一些適合的暗示言語，讓催眠中的自己聆聽這些暗示就可以了。

自律訓練法

後催眠暗示的方法是假借他者催眠之助，所進行的自我催眠法。由德國的精神科醫生J・H・休爾茲和他的門人，所研究、開發出來的「自律訓練法」，則是藉著單純的自我訓練而熟悉自我催眠的方法。

原本，這個方法是印度瑜伽訓練法的基礎，而休爾茲以科學的方法加以組合、整理，成為「Das Autogene Training」此書，在西元一九三二年出版。

休爾茲原本是精神身體醫學家，在偶然機會下，開始研究催眠的精神生理學。他詢問被

催眠過的人，在催眠中身體會產生什麼樣的感覺時，發現每個人都會有「手腳沈重」的共通感覺。

除此以外，也有「手腳溫暖」的共通感覺。在這兩者以外，還有各種不同的感覺，而共通點是「感覺沈重」與「感覺溫暖」。

於是，休爾茲認為可能是身體與心理的鬆弛而產生溫暖感，肌肉鬆弛而產生沈重感，因此，反過來想，如果讓身體產生沈重與溫暖的感覺的自我暗示，那麼不必假借他人之手，也許就可以讓自己進入催眠狀態中。

因此，他調查諸多接受實驗者，在身體的哪個部位用什麼樣的自我暗示，可以使被暗示性提高到最大限度。在二十年的研究當中，重複錯誤的實驗，經常進行自我暗示的取捨選擇的結果，創造了以身體感覺為主的一連串自我暗示系列。

然後，在西元一九三二年將此整理成書出版。後來，休爾茲的自律訓練法被引介至美國，由美國人加以研究、開發。現在，比起堪稱自律訓練法母國的德國而言，美國的發展更加驚人。總之，自我催眠法中的主角就是自律訓練法。

這個方法是經由階段式的自我暗示訓練，能夠駕馭自己身體與心理的方法。這項訓練是由以下六階段的標準練習開始的。

首先，在準備方面，盡可能在一個不會使精神散漫的安靜房間中，仰躺著，或坐在扶手椅子上。

若是躺著，雙手輕輕在體側伸直、伸長脖子，避免雙腳互相碰觸，盡量張開伸直。

若是坐在椅子上，腳要緊緊地踩在地面上，雙手置於大腿上，額頭可以向前或後輕鬆地傾斜。保持這個姿勢，閉上眼睛，「慢慢地放鬆」「心情非常平靜」「心情穩定」給予自我暗示。藉著這些暗示使你覺得平靜時，便可以開始進行真正的練習。接下來六階段的練習，每天至少要進行三次，每次要做十～十五分鐘左右。

(1)肌肉的放鬆

「右臂力量放鬆」，將注意力集中於此進行自我暗示。如果能做到，再讓左臂、右腳、左腳依序也得到放鬆。

(2)血管運動的控制

「接下來，右臂非常地溫暖。」給予這種自我暗示，通常，手肘附近就會開始感到溫暖，而整隻手臂接著也會感到溫暖。同樣的，也對左臂、雙腳給予暗示。使雙臂、雙腳溫暖以後，加上(1)的暗示。「非常平靜。雙臂、雙腳力量放鬆。雙臂、雙腳非常溫暖。」做這種自我暗示。

(3)心臟的控制

在(1)、(2)暗示以後，再重複「心臟靜靜跳動」的暗示。「非常平靜。雙臂、雙腳力量放鬆。雙臂、雙腳非常溫暖。心臟靜靜跳動。」

(4)呼吸的調整

在(1)、(2)、(3)的暗示中，加上「呼吸緩慢、輕鬆」的暗示。但是，呼吸不必給予變化。

(5)腹部的控制

將注意力集中於胃的四周，在先前的暗示中，再加入「胃四周變得溫暖」的暗示。

(6)頭部的控制

在(1)～(5)的暗示中，再加上「額頭清涼」的暗示，讓注意力集中於額頭。

要熟悉自律訓練法(1)～(6)的各階段，因人而異，時間各有不同。大致是在兩個禮拜左右。因此，所有的過程都要熟悉的話，最少也要花上二、三個月，而想要技巧更熟練的話，大概還要再花上一半的時間。要花費的時間相當漫長，而自律訓練法的另一個難點在於，只能進入輕微的催眠狀態。

因此，如果以效果或應用的可能性的觀點來看，若是必須進入深層催眠狀態，例如，因為固執於心靈深處的經驗所引起的神經症等，想要以自律訓練法來進行自我治療，是不可能的。但是，持續這個訓練，心情變得愉快，胃腸狀況良好，有助於使消極的性格轉為積極。

自我催眠法比起他者催眠法，是有過之而無不及的有效方法。但是，另一方面來看，它也必須再下功夫研究。因此，以應用方面而言，現在的主流是他者催眠與自我催眠併用實施。

第三章　爲何人類要從事催眠術

催眠絕不是什麽神秘現象

催眠始於暗示，終於暗示

最近已經看不到這種情況了，以前，在魔術表演的舞台上，經常會進行稱為「催眠術」的表演。

催眠術師口中喃喃自語，彷彿在唸著咒語，一邊撫摸志願觀衆的身體，一邊讓對方閉上眼睛，進入睡眠狀態中。

這時，魔術師可以用兩張椅子來支撐對方變成棍子似的僵硬身體的頭和腳，而魔術師再坐在上面讓觀衆看。然後，魔術師再突然拍一下手，對方就會喪失意識，或突然清醒，種種不可思議的現象都會在舞台上展開。

當這些不可思議的現象在眼前出現時，有些人會認為催眠就是一種奇術，對於現象的本身，抱持一種不信任感。或者，有的人會覺得人類居然如此輕易就喪失人格，變成好似受人操縱的傀儡一樣，感覺非常害怕。的確，不只是「催眠術」，藉著催眠，在日常生活中可以引起不常看到或超乎常識之外的神秘現象，因此，就算我們看到這些現象，恐怕也無法了解或接受。

的確，催眠這種現象具有神秘的一面。美國的米爾敦•艾利克森，是一位擁有催眠誘導三萬人的實績的優秀催眠療法家。據說，當他握著一個人的手，就能夠誘導他進入催眠狀態。不過是採用微妙的握法而已。

首先是用力地握，接著輕輕碰觸拇指，最後慢慢地拉開小指。光是這樣，就能夠引導手腳產生僵住症（肌肉僵硬，全身變硬）。艾利克森曾有以下的說法。

「我的朋友啊，甚至有人要我保證不會對他們施行催眠誘導，才願意和我握手呢！」

雖然具有如此神奇的一面，但是，催眠絕不是什麼神秘現象。

我們將引導進入催眠狀態的技法，稱作「催眠誘導法」。催眠，並不是因為誘導者具有特殊的能力，對對方施行神秘的「術」而造成的。催眠不過是將日常生活中經常會看到的，人人都具有的容易被暗示的傾向，加以強化而誘導出來的結果。米爾敦•艾利克森以孵蛋器來比喻催眠誘導而加以說明。

「在孵蛋器中，溫暖的蛋終於變成了雛雞。這個神奇的現象，並不是孵蛋器製造出雛雞，而是藉著孵蛋器的幫助，使雞蛋中的生命過程得以發展而已。催眠誘導就和孵蛋器的作用一樣。」

正如他所說的，催眠的狀態是藉著暗示的技巧而引起的，一旦進入催眠狀態，就更容易接受暗示了。集催眠大成的法國南西學派的代表貝爾尼姆，就曾經斷然說道：「沒有所謂的催眠，有的只是暗示。」而我對這一番說詞的看法是「催眠始於暗示，終於暗示」。

由此可知，以引導催眠的技法這一面來看，催眠現象就是「日常生活中，我們不知不覺體驗到的暗示技巧與對方的注意集中狀態，下意識地利用到最大長度」所產生的結果。但是，想想身處催眠狀態的人類的心理與生理狀態，則催眠現象與日常看得到的暗示現象，仍然必須畫上一道不算明確的界線。

專家們將引導催眠的暗示稱作「覺醒暗示」。催眠中所給予的暗示稱作「催眠暗示」，以示區別。藉著覺醒暗示，引導進入催眠狀態以後，與通常覺醒時的心理、生理狀態相比，被暗示性會提高許多。同樣是暗示反應，與日常的必須加以區分來探討。在催眠下，人類的心理、生理狀態是怎樣的情況，稍後會為各位敍述。總之，在這種被暗示性提高的催眠狀態下給予暗示（催眠暗示）時，平常看不到的神秘現象都可能發生了。

為了讓各位容易明白，在這兒介紹簡單的催眠法，探討藉著催眠而引起的現象。

在刺激較少的安靜場所，剛開始時，讓接受實驗者雙手張開，

「請看兩手之間……兩手逐漸靠近了……手貼在一起了。」

「身體前後搖動。」

給予這些暗示，就會產生如暗示所敍述的運動。看起來好像是一種運動支配的現象，經

常在催眠秀中出現的大都是這個階段的現象的變形。

此外，當在給予「進入深層催眠狀態」的暗示時，意識的範圍會逐漸地縮小，臉部肌肉鬆弛，看起來好像沈睡似地進入了更深層的催眠狀態。

隨著被暗示性逐漸增高，藉著催眠暗示就能夠支配痛覺、視覺、聽覺、味覺、嗅覺等感覺。苦的食物吃起來也覺得甜，聽不到的聲音都聽得到了，這些現象都是藉著暗示而引起的。此外，當然也可能會出現流口水的現象。

在進入更深層的催眠狀態時，按照催眠暗示，人格、年齡、知覺等變化都會出現。當暗示「你變成一隻鳥了」，就會像鳥一樣，雙手不斷揮舞著，好像在揮動翅膀一樣。「你已經變成三歲孩童了」，給予這個暗示時，可說會說一些幼稚的話，或做出一些小孩的動作，出現這些戲劇化的現象。然後，在形成後催眠現象時，

「你從催眠中清醒時，沒有辦法跨過那兒的門檻。」

做出這樣的暗示，等到清醒以後，請求他去打開門檻那邊的窗戶，也絕對無法跨過門檻。然後，

「因為不熱，所以不需要打開窗戶了。」

諸如此話，使行動的矛盾合理化。所以，後催眠現象正是說明「催眠始於暗示，終於暗示」的現象，甚至連清醒後的行為也受暗示控制。

催眠深度	表情	催眠支配所及的範圍
類催眠狀態	會一直眨眼睛，或是只閉上眼睛	移向催眠的前階段 {手腳無力 頭腦茫然
輕催眠狀態		運動支配 {手上舉及朝下 手的開閉 身體的搖動 意志運動的 部分禁止 僵住症
中度催眠狀態	臉部肌肉鬆弛，看起來好像睡著了	感覺支配 {痛覺、嗅覺、味覺、 聽覺、視覺 分泌的支配 {唾液、流口水、 排尿感
深催眠狀態		{完全無感覺 幻覺 年齡倒退 人格變換 後催眠暗示

由此可知，我們所說的催眠，確有各種不同的階段。這稱為「催眠的深度」，配合深度的不同，現象也會產生各種變化。將其整理如前頁的表格。

但是，希望各位不要誤解，經由催眠引起的現象，並不一定真如此表所示，與深度有關係，有時，因接受實驗者的不同，對暗示的反應也可能會不同。因此，這只不過是將催眠現象略加整理，便於各位理解的一個大致標準而已。

另外，還有一點必須注意的就是，在表上催眠深度最淺的階段是「類催眠現象」。這是在移到催眠階段之前的現象，通常的暗示現象就是屬於這個階段。相反的，極端地說，日常生活看到的暗示反應，也可以算是一種輕微的催眠狀態。就算不是前述的艾利克森，你也可以經由握手而誘導催眠現象產生。

接下來，為了讓各位更加深入了解催眠現象，簡單地為各位介紹催眠的歷史。

催眠的歷史

觀察催眠的歷史，「一開始就是不可思議的現象」「一開始就付諸行動」，也就是說，由不可思議的現象及加以反用的實踐先行，然後，科學的研究、解明則稍遲一步，從後追趕，具有這樣的歷史。

事實上，類似催眠的現象，從原始時代就已經為人所知了。例如，古埃及的自然女神埃西的神殿中，發現了呈現催眠狀態持有姿勢的信徒的雕刻，也發現了利用處在催眠狀態的處女當成引導神之告誡的資料。

此外，聖經上所言「接受神告誡的人」，以及古希臘神殿中的神託者所具有的不可思議力量等，都算是一種催眠。因此，甚至使用火山、火焰等，當成自我催眠或某種藥物來用。在這個時代，催眠似乎也是人與神溝通的唯一道路。就好像從昔日的煉金術到今日的化學，從占星術到天文學一樣，催眠的歷史係發源於宗教儀式。

然而，今日的催眠卻是發源於弗朗茲•安東•梅斯梅爾的磁氣桶問題。「宇宙中充滿了孕育著磁氣的流動體。能夠滲透到一切的生物中，成為維持生命的活力根源。」——從古代中世紀的占星說，到近代帕拉開爾斯斯的宇宙磁氣說中得到的啟示，維也納醫師梅斯梅爾在「關於行星對人體造成的影響」這篇論文中。確立了他的動物磁氣說。

因此，他認為當人罹患疾病時，利用這動物磁氣的補充，就能夠加以強化。剛開始時，藉著磁石摩擦患部，便能使疾病痊癒。然後，漸漸地發揮了教祖的姿態，用自己的手撫摸患部即可（通路），由自己指尖會發出磁氣，拚命轉向朝著通路前進。

就這樣子，逐漸竄紅的梅斯梅爾，又想到了更好的方法。由於一個人一個人的嘗試非常麻煩，因此，他開始大量生產磁氣。這個方法是拿出一個大桶來，在裡面放入砂和鐵屑，然後再注入水。在其上撫摸或吹氣，充分地吸收磁氣以後，再蓋上蓋子。在桶中央豎立一根鐵

據說在古代，人與神藉著催眠術溝通

棒，從柱子周圍伸出幾根鐵絲。

準備就緒以後，在隔壁房間播放輕鬆的音樂。

這時，許多患者同時坐在磁氣桶周圍，抓住鐵絲的尖端。梅斯梅爾手持鐵棒，讓幾名弟子一邊觀察患者的情況，一邊併用撫摸療法。治療時間相當的長，有時候患者甚至會出現痙攣發作的現象。但是，梅斯梅爾卻認為這是疾病痊癒的轉機。

但是，梅斯梅爾後來卻被嫉妒他的人趕走，西元一七七八年，遷移至巴黎，在這兒也成為紅人。不過，由於他人的批評，終於在一七八四年，由路易十四命令成立的專門委員會視其為騙子，趕離巴黎，最後不幸病死。但他的磁氣說並未衰退下來，仍然被不斷地研究著。

到了一八四一年，英國的外科醫生布雷德

，認為梅斯梅爾的治療的本質，是利用視神經的疲勞而產生一種特有的精神狀態，並且頭一次使用「催眠」這個字眼。後來又過了二十年，到了西元一八五九年，這種思想輸入法國，分為夏爾科的沙魯培特里耶爾學派及里耶波爾、貝爾尼姆的南西學派，固定兩學派，催眠術才首次被提出來以科學的方法加以研究。

終於，後來被尊為深層心理學之祖的佛洛伊德，年輕時在法國學習，在夏爾科的門下，學習藉著催眠暗示引起歇斯底里現象的方法，並在貝爾尼姆門下，觀察「後催眠現象」「合理化」的情形。

當時的催眠研究家們，並不注意後催眠現象後這個「合理化」的行動，天才佛洛伊德卻很快地就著眼於此，他認為「行為的真正原因，並不只侷限於經常下意識地去進行」。就這樣，後催眠現象被視作是存在於心中無意識層的這種深層心理學的根本想法，給予佛洛依德決定性的任務。

然而，諷刺的是，從催眠現象中得到啟示，確立深層心理學說的佛洛依德，對於所有的患者，要引導其進入催眠狀態都非常的困難，由於治療效果無法長時間持續，因此，他從以前在貝爾尼姆那兒觀察後催眠性健忘實驗中得到了啟示，在並不使用催眠的覺醒時，也可以藉著自由聯想法或夢的判斷，將被壓抑的無意識的過程加以意識化，所以，他開始捨棄催眠，轉而重視獨特的精神分析療法。因此，催眠暫時在專家之間銷聲匿跡了。

但是，到目前為止，催眠法已經有了顯著的進步，催眠與精神分析也融合在一起，並以科學的方式確立了催眠分析的方法。

當催眠深沈時，無意識層會出現

催眠狀態是在有意識地將暗示（覺醒暗示）加以利用時而產生的，而在引導出的催眠狀態下所進行的暗示（催眠暗示），更能夠發揮效果。那麼，為什麼在催眠狀態下，暗示會產生極端的效果呢？與人類在清醒時的一般心理狀態相比，到底會產生何種心理變化呢？

在催眠歷史當中，佛洛伊德透過後催眠現象，設定在人的心中有無意識層的存在，這在前面已談過了。在催眠狀態下，人的心態會朝著暗示的方向前進，因此，與人的意識狀態的變化會產生密切的關聯。我們經常會用「心不在焉」這成語，以此而言，覺醒狀態應該是「心在焉」，催眠狀態則是「心的狀態」離開了「焉」的表現。

有的研究者將此稱作「意識野的狹窄」，暗示具有使與現象接觸的部分狹窄的作用。就好像在舞台上，幕拉起時，明亮的空間逐漸變暗，終於，一道水銀燈落在主角的身上——各位只要想像這過程，應該就能了解了。

像這樣，意識野狹窄時，就不會再融入周圍的東西。意識的眼睛會集中在舞台的主角上，周圍的觀象也完全不在意舞台上的配角。像這種意識野推向周邊時，與清醒時完全無關，而是將內心深處表露於外。

但是，這也不是沈睡。而是表面意識狹窄、潛在意識解放的心理狀態。對象透過誘導者與外界接觸，這時，誘導者再追加暗示的話，就會引起日常不易看到的不可思議的現象。

關於這點，十九世紀中維也納的醫師布洛耶爾所處理的一位無法喝水女性患者的例子，各位就能夠了解了。

這位女性能夠把杯子端到嘴邊，但卻怎麽樣也無法喝下水。一滴水也沒有喝，光靠吃水果過了六個禮拜。於是，布洛耶爾誘導他進入催眠狀態，她說出曾在至某人家拜訪時，看到狗用杯子喝水。說完以後，她好像很生氣似的說自已想喝水，並且喝了幾杯水，最後，在杯子碰到唇邊的催眠狀態中清醒過來。

後來，無法喝水的症狀就完全消失了。

根據布洛耶爾的觀察，認為歇斯底里等神經症，可能與已忘記的過去所發生的事有關，如果能使其想起，就能夠找出症狀的原因了。

而另外一方面，從催眠的立場來看，能夠找出兩個重要的視點。一個就是先前所說的，催眠狀態是表露心中無意識層心理狀態。另外一點就是我們的行動，不論好壞，都會受意識下的潛意識極大的影響。揭去這個意識的面紗，能夠對另一個無意識的「自我」發揮作用的催眠，在身心平衡的調節上，具有極大的威力。

催眠狀態下的意識變化

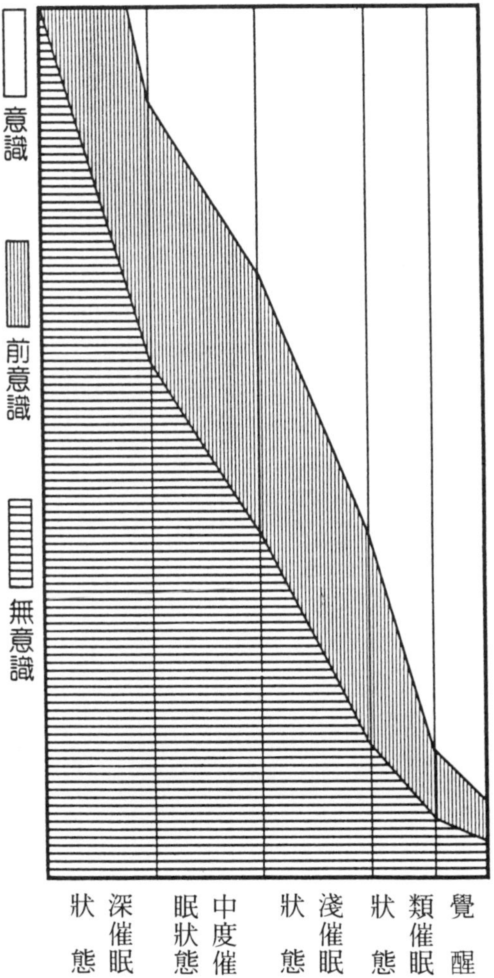
意識
前意識
無意識
深催眠狀態
中度催眠狀態
淺催眠狀態
類催眠狀態
覺醒

催眠暗示就是探索這個潛在意識內部的作業。將人類的意識以冰山來比喻的話，露出水面的少許部分為表層意識，佔據冰山百分之八十的面積，在水面下的部分為潛在意識。使用這個比喻時，就好像冰山突然翻了過來，巨大的冰塊自水面下出現似的，藉著催眠暗示，就能使深層意識顯露出來。

再簡單一點地說，把人心比喻為地球好了，通常我們能夠意識到的地上的部分、地殼的部分為潛意識，膨大的岩漿部分為無意識的話，則催眠就是鑽探地殼、探察岩漿狀態的作業。有時候，岩漿可能會噴出，有時可能改變流向。

看守所是清醒的

在催眠狀態下，除了意識的集中，同時也會產生意識的稀薄化。這麼說，各位也許會把催眠和睡眠混淆在一塊兒。的確，進行催眠誘導時，給予「你現在很想睡了」的暗示時，有些人會打起鼾聲來熟睡了。深層催眠狀態乍看之下，與睡眠狀態似乎很難區別。從催眠歷史開始時，催眠就被視為是睡眠的一種。而催眠的英語Hyponosis的語源，是來自希臘語「使其睡眠」的意思。

從催眠與睡眠的類似性觀點，最初在催眠研究展露頭角的是，以條件反射學說知名的俄國生理學家帕布洛夫。據帕布洛夫派的想法，認為不管是睡眠或催眠，都與腦的超限制止有關。

腦神經細胞對刺激會興奮，藉著興奮而產生身心活動，但是，神經細胞一旦興奮到難以忍受的地步，相反的會受到制止。這種超限制止，可使神經系統維持正常的活動，保持生活機能，所以必須周期性地進行。睡眠就是為了保護腦的神經細胞而產生的制止活動。

在熟睡時，就算半夜電話鈴聲響起，聲音的確傳達到大腦，但在大腦皮質聽覺野的細胞卻加以制止，因此無法突破侵入。到了第二天早上，睡在一旁的妻子說：

「電話鈴聲響了這麼久，你還睡得這麼熟，我都跳起來接電話了。」

也許她會這麼說哩。

那麼，為什麼妻子會清醒呢？根據帕布洛夫的說法，大腦皮質的制止並不是均等的，有部分未被制止而是清醒的。這個部分稱作「興奮的看守所」。妻子腦中的「看守所」發揮了作用，使她清醒過來。

像警察，再怎麼想睡，一聽到電話鈴聲就會跳起來接。因為隨時都可能發生意外事故，只要有事件發生，即使是半夜，也要火速趕到現場，由於有這種考量，因此，可以說是半習慣性的，聽覺會成為「看守所」而保持清醒。

而進行催眠時，帕布洛夫等人的想法是，為了能夠反應誘導者的暗示，因此，大腦皮質的聽覺或語言中樞是清醒的，其他部分則被強烈制止。所以，誘導者的話透過看守所，像一條跑線似地貫通皮質內。

當腦對暗示產生反應時，藉著來自大腦皮質的指令，網樣體（神經細胞與神經組織形成網狀的腦幹的部分）也會對神經系統送出負面的信號，而其他信號則被擋在大腦皮質外，受到抑止。

像這樣，只對一種信號產生集中反應，就能使暗示發揮更大的力量，遂能引起心靈集中，以及伴隨產生的催眠行動。比起睡眠，催眠更能使腦中的制止部分與覺醒部分，藉著網樣體的作用而加以明顯區分。

催眠與睡眠有何不同

在催眠下聽到暗示的話語，藉著一句暗示的話就能夠立刻清醒，由此可知，催眠與睡眠看似相同，其實是完全不同的。這在以前就為人所知，然而，以科學的方法加以解析的，卻是腦波的測定。

衆所週知，腦波就是將流經大腦的弱電流，藉著增幅器加以擴大、紀錄的波形。例如，安靜閉目時，成人會出現十周的α波；而張開眼睛思考時，則是周波數較多的β波；進入睡眠時，周波數則成為比α波更少的θ波；等到熟睡時，就會出現更少的δ波。

睡眠與催眠的腦波相比的話，就能夠充分了解其中的不同。事實上，「你的手漸漸麻痺了」這類的暗示，一旦患者真正產生手麻痺的狀態，腦波仍和清醒時一樣，維持β波。

接著，不給予任何的暗示，保持安靜時又會變回α波。而在睡眠時，只有極短暫的時間會出現α波，很快就會轉移到θ波或δ波。因此，以腦波計來看的話，導出的結論就是，催眠應該是接近覺醒狀態。

不過，目前我們已經明白，這個結論並不正確。因為我們知道，催眠也會出現類似睡眠的腦波。例如，

「身體放輕鬆。」

給予這樣的暗示後，

「想睡覺了。」

「心情覺得很愉快。」

慢慢的，給予身體放鬆的暗示，這時，就會出現和睡眠時同樣的δ波。

雖然，被誘導催眠的人也許真的已經沈睡了，但是，催眠與睡眠應該在某處具有相連的可能性。例如，給予手向上抬的暗示時，會出現和清醒時同樣的腦波，因此，催眠之謎是無法藉著腦波加以解析的。

藉著催眠，會發生什麼情況

藉著催眠，感覺會變得敏銳

藉著催眠會產生的各種現象當中，我們的感覺會變得出人意料之外的敏銳，與目前最受注意的超心理現象，尤其是ＥＳＰ（超感覺的知覺）這問題有關。關於這個範圍的研究，全部將其命名為「超心理學」，目前尚未被認同為一門科學的學問。

但是，一部分的熱心研究者，陸續報告了許多事例，這也是事實，因此，也不宜斷定其為非科學的學問。如果超心理現象是事實的話，那麼先前所敍述的催眠現象，與此來講，在某種意義上而言，應該是非常接近。

也許，「超心理現象」之謎可以藉著催眠現象解開，這也說不定。我想，沒有任何人可以否定其可能性。

在此列舉一些超心理現象中，與催眠現象特別有關係的現象，為各位探討「藉著催眠，會發生什麼情況」的留待將來解答的課題。

關於超心理現象的代表ＥＳＰ，目前，我們所知道的一種假設，就是可能因某種感覺變得異常敏銳而產生的結果。事實上，與催眠恍惚的深度成正比，ESP會增大的說法已廣為人知。關於這一點，芬蘭的心靈研究協會會長亞爾・法拉做了以下有名的實驗。

在催眠狀態下成為超能力者

一位匿名的S夫人是接受實驗者。法拉在四位見證人面前，誘導她進入深層催眠以後，在兩只形狀相同的杯子裡裝入等量的水，放在她面前的桌子上。法拉拿起其中一只杯子，讓S夫人雙手捧著，接著，法拉給予這位女性以下的暗示。

「妳的觸覺、痛覺、視覺全部離開了雙手雙臂，漸漸地移到現在拿著的杯子的水中。同時，手臂和手都喪失了感覺。」

在重複這個暗示幾次以後，將針刺入S夫人所拿的杯子的水中。這時，她顯現出雙手向後縮的反應。但是，在用同樣的針刺向她的手臂時，卻沒有任何的反應。

其次，將杯子從她的手中取下，放在桌上。在這個狀態下，用針刺杯子中的水，同樣的，她的手又向後縮了。

然後，再把杯子拿到另一個房間去，這位女士和見證人都看不到法拉的身影。然後，在隔壁房間中，同樣做用針刺杯子中的水的動作十次，而S夫人也同樣做了十次縮手的動作。然後，再把杯子端到建築物外做同樣的實驗，室內的S夫人也有同樣的收縮手的動作。

觀賞電視節目中類似的實驗時，我們會將像S夫人這樣的人，稱作「超能力者」。也就是說，他們具有超越普通人能力的特殊能力。

這樣的現象，假定不是偶然的產物，而是在某種條件下，想要使其產生就能產生，亦即當具有必然性的現象齊備時，對於其原因與結果，真能給予合理的說明嗎？很遺憾的是，到目前為止，我們不能從科學的研究中得到任何答案。

然而，昔日被視為奇跡、魔術的催眠現象，現在已經給予其某種科學的地位了。由此可知，藉著探索人類心理未知的部分，更深入探討深層心理，對於這種現象的科學的解析，並不是說絕不可能的。

超能力的秘密在於潛在意識

再為各位敍述一個例子。一些不是特別具有學識或經驗的人，因為某種關鍵，突然開始說些他原本不應該知道的事情，讓周圍的人感到驚訝，像這樣的例子，自古以來就時有所聞。看到這情況，昔日的人以為是別人的靈魂附在這個人的身上，或者是這個人的前世出現在今生的現象。

經常引用這類研究文獻的一位叫作窪爾巴格的學者所做的實驗，也是其中的一個例子。某位女性被他誘導進入深層催眠狀態以後，突然開口說出奇妙的話語。調查以後發現，這是二五〇〇年前的希臘語。當然，她平常並沒有置身於會使用到這種語言的環境，因此，身旁的人當然會認為她是幾千年前的希臘人轉世而生時。

而她自己在回到普通的清醒狀態以後，完全沒有辦法想起自己所說的任何一句話，無法說明自己是在那兒學會說這種話的。

但是，窪爾巴格藉著催眠追溯到她的記憶，成功地找出了令人佩服的說明。在她幾乎已不記得的幼小時代，曾在母親的帶領下，經常出入教希臘語的教授家。

母親在那兒工作，她經常一人遊玩，當時，教授經常一邊散步，一邊吟誦古希臘詩。在她的潛在意識中，烙印下這些話語，等到陷入深層催眠狀態，浮現深層心理的同時，就好像播放錄音帶一樣，意想不到的言語就自她口中脫口而出了。

由這個例子就可以了解，看起來好像超心理的神奇現象，藉著催眠現象來加以探索，能夠以現代的科學方式加以說明。雖然這個例子與先前的感覺移往杯內的水的實驗，無法以同樣的方式來說明，但是至少藉著催眠，某種感覺會顯露出來，既存的感覺會變得敏銳化，因此，能夠發揮這些特異的能力。這個假設，無法全面加以否定。

某一天突然成為教祖

由此可知，如果超心理現象是實際存在的話，那麼，這個存在的部分，似乎與藉著催眠所引出的深層心理，具有密切關係。由於催眠的確能引出人類沈睡的能力，因此，我們也可以想像有超越目前我們所知人類能力界限的某種能力。

由此可知，催眠不單純只是當成精神療法來使用，也有人認為必須重新評估它的價值，將它當作是開拓人類界限的方法。

由這個意義來看，「這就是『神的力量』」，是使信徒們驚嘆的宗教奇跡，可以從催眠現象或深層心理的觀點，再加以檢討。因為，當人類在發揮「神的力量」時，正是一種顯著能力的展現。

像很多的報告顯示，極為普通的人，某天突然因情況的不同，依某種特殊體驗為關鍵，而領悟了宗教的道理或者得到了神的啟示，成為教祖。在這種「改變」的背後，當然，我們可以當成是某種類似催眠現象所引出的特殊能力的體驗造成的。某人對已誘導進入催眠的女性說：

「現在，請想像妳是維納斯女神。」

在被給予這種暗示時，手痛的感覺完全消失了。那是因為維納斯女神像沒有手臂。因此，把像冰一樣的冷水澆在她的手臂上時，她完全沒有感覺，也就是說在催眠中，她已經「改變」為維納斯女神像了。

經常被稱為靈能者的人或是教祖，能夠見聞到普通人見聞不到的事物，或是體驗，這並

給予「沒有手臂」的維納斯女神像的暗示，
甚至能使手的疼痛感消失。

不是奇跡，而是在人類原本擁有的能力當中，還沒有查覺到的部分已經顯在化的緣故。

由此來看，催眠還具有發展的可能性，也許藉此就可將心靈現象或超心理現象等未知能力的門扉，對人類大大地敞開。

第四章　淺催眠、深催眠

藉輕微催眠現象，能支配手腳到胃腸的功能

由觀念引起運動

在職業棒球的轉播賽，經常可以看到的一個畫面就是，當三壘有跑者時，擅投較低變化球的投手，由於自己的球被擊出安打，因此，覺得自己不能再投變化球，而改以較適合打擊的高球來應付打者，卻遭對方痛宰。這就是「會不會又被擊出安打」「捕手會不會漏接」等投手意識，會傳到腦海中及投球的指尖，最後就會避開投出較低的變化球了。

我的朋友所服務的射箭社團，發生了很大的問題，於是來找我商量。射箭，大家都知道的，必須將弓從上向下拉，目標指向標的，瞬間射出搭在弓上的箭。

他來和我商量的問題是，在社員當中，有一位宛如領導者的三年級學生，在比賽之前的練習中，突然沒辦法將弓從上向下拉。而看到這種情況的其他學員，陸續出現同樣的症狀，最後全部的人都好像受到束縛一樣。

聽完他的說明，我立刻就推測到，這個領導者可能是由於對比賽的責任感，讓他產生一種過於強烈的「絕對要順利命中才行，但是真的能順利嗎？會不會射不中？」擔憂。也就是

說，這位領導者心中的強迫觀念，和先前所敍述的投手的情況一樣，甚至會影響手的運動。像這樣「會變成這種情況」的自我暗示，就是典型的會造成負面影響的例子。

不只是運動，在我們四周也經常會出現類似的現象。例如在火災發生時，平常絕對揹不動的櫃子，就算是力量較弱的女性，也能夠把它搬出來。這就是所謂的「火災現場的蠢力」。由於自我暗示發揮了正面的作用，使她擁有宛如女超人般的力量。一般而言，像這類的暗示成為身體運動所產生的現象，稱之為「觀念運動」。「動」或者是「拿」的觀念，成為暗示，促使一個人在無意識當中引起肌肉運動。

火災的例子等當然不是催眠狀態，不過，觀念運動本身和催眠有密切的關係。在催眠之下，即使沒有進入深層的催眠狀態中，也能夠產生出普通生活無法想像，看起來好像奇術似的身體運動的變化。

接下來，再為各位敍述並不是在催眠下引起的觀念運動中，頗為有趣的二、三個例子。

日本自明治至大正年間，流行一種「瞌睡先生」的占卜遊戲。方法有很多，其中以利用三根筷子或竹棒，從中心點的稍上方用線綁住，使成三腳站立的方法較為有名。

首先，將手臂放在三腳的上方。然後，準備一些寫上數字和文字的紙，將三腳放在其上。三個人圍著三腳坐下，各伸出一隻手，用拇指按住手臂，食指和中指好像從三腳綁住的地方往上抬似地支撐著。

三個人中的一個重複說道：「瞌睡先生、瞌睡先生，請出來。」這時，筷子就開始動了。「×××今年幾歲？」問完後，筷子指著紙上的一和五兩個數字，意思就是十五歲。不只是年齡，甚至連人的好惡及兄弟的數目，也能完全說中。

因此，與其說是遊戲，還不如說被視為是一種心靈現象及迷信，不過，若以原理而言，不過是他者暗示與自我暗示巧妙地組合，由三個人當中知道答案的那個人的指尖肌肉活動所產生的現象。

但是，迷信已是一種根深蒂固的觀念，甚至傳說發生了悲劇。在一九四六年三月，魯班格島上發現了四十八名不知道戰爭已經結束的日本兵。當中的四十五人，在別人的說服下回國了，而另外三個人卻固執地說：「瞌睡先生叫我們不要下山。」堅決地甩掉哭著說服他們的戰友的手，再次隱身於叢林中。

與這種情形相反的是，在觀念運動的實驗中稱作「讀心術」的方法。握著對方的手，就能夠說中其心裡所想像的內容。例如，被握著手的人心裡正想著鋼筆，而實驗者立刻說中其心思，用空出的手拿起放在旁邊的鋼筆。

熟練的實驗者大都能夠說中，因此，經常被視為是一種奇術，但是，這也是受到所描繪的想像的影響，出現在細微的手部肌肉活動上，而實驗者能夠看穿這個微妙的變化。

另外，可以自己做的觀念運動之一，就是取一枚有孔的錢幣或代幣，以三〇公分長的線綁著，另一端用指尖抓著，倒吊在杯子裡。當心中想著錢幣會自然晃動時，實際上它就會朝左右搖，甚至碰到杯壁而發出清脆的聲響。這是由於「動」的自我暗示，使得指尖肌肉興奮而提高被暗示性的緣故。

引起這種觀念運動的構造，與增幅作用相似。不管是他人也好，自己也好，藉著暗示能使注意力集中而引起運動時，人類的注意力就會集中於運動上，自然壓制住其他的觀念。當然，這個方法能夠進行精神統一，觀念更增加了影響力，使得全身的注意力集中於這個觀念上。如此就會產生更容易引起身體運動的狀況了。

即使不是在催眠下，也能夠進行這個增幅作用，如果藉著催眠，以暗示的方式，成功地誘導這個增幅作用的話，那就更容易引起觀念運動了。

一旦給予暗示以後，如果產生了手能自己動的運動，就會出現更容易接受暗示的基礎——更正確地說，就是「被暗示性的亢進」。

也就是說，觀念運動可以視作是從覺醒到催眠狀態的橋樑，一旦引起觀念運動的話，藉著暗示進行誘導，會使這個運動進行得更為劇烈，接受實驗者就會隨之進入催眠狀態中。像「手糾纏測試」或「手上舉法」等引起觀念運動的作法，對於催眠誘導法反而非常有效，就是因為具有這個構造之故。相反的，只要能夠引導進入極輕微的催眠狀態，幾乎都能夠引起這些觀念運動。

隨意肌可被控制，也會出現全身僵硬的現象

通常我們從覺醒進入催眠狀態時，眼睛會變得沈重，有疼痛感，眨眼的次數會增加。在誘導法中使用「凝視法」的時候，這些症狀會顯著地出現。此外，會感到身體好像飄浮起來，如走在雲端上似的，因人而異。當許多刺激被遮斷時，可能會有種種思緒浮現腦海中，有的人甚至會擔心是否就此進入催眠狀態中而無法清醒，因而感到不安。

從這種狀態到手腳變得無力、打盹的狀態為此，是否仍清楚地記得一切，或已進入輕微的催眠狀態，很難加以區別。但是，如果給予暗示，將接受實驗者引導進入這個狀態的話，就可以進行觀念運動，亦即運動肌肉的支配。

我們所說的肌肉，在體內的肌肉組織並不是這麼簡單的。在肌肉方面，包括能隨我們意思活動的隨意肌，以及無法隨意思行動的不隨意肌。像手腳或下顎的，為隨意肌；胃、腸、心臟等內臟的肌肉則為不隨意肌。

先說結論，催眠狀態所引起的肌肉支配，能夠支配這兩種肌肉。當然，使用於催眠誘導法的，大都是以手腳為主的隨意肌支配，而稍後敍述的不隨意肌支配，亦即脈搏、血壓等運動的變化，也能毫無抵抗的產生。

肌肉支配中最常看到的就是，隨著暗示而閉上眼睛的動作，以及全身放鬆。全身的力量

放鬆，而採取相當輕鬆的姿勢。然後，如催眠誘導法中所說明的，手會從膝蓋上向上浮，漸漸地往上，手會隨暗示而開、闔，身體則會前後左右搖動，運動支配都可能達到。

像這種由示而產生的支配，不只是話語，藉著誘導者的身體動作也能夠引起。在接受實驗者並沒有完全閉上眼瞼之前，誘導者的手掌接近對方的顏面，做推壓的動作時，對方就會很快地向後倒。這是因為在輕微催眠下，接受實驗的人對於動作會非常敏感所致。

此外，還有所謂的部分禁止反應，也就是說，伸直的手變得僵硬、無法彎曲等，甚至無法進行某種動作的現象都可能出現。

例如，糾纏的手，給予「無法分開」的暗示，就變得真的無法分開。當給予「無法走路」的暗示時，突然會變得步行困難。這種運動不能的現象，是催眠現象中衆所周知的一種，另外一種頗耐人尋味的現象，就稱作僵住症（肌肉僵硬）。

當成催眠誘導法，經常被使用的就是在使用手的時候，伸直的手指變得僵硬，絕對無法彎曲。置於膝上的手像船一樣沈重，變得僵硬，給予「無法向上抬」的暗示，就真的無法向上抬了。「眼瞼完全閉上，無法張開。」這麽對對方說時，眼瞼肌肉變得僵硬，接受實驗者就算想張開眼瞼，也張不開了。如此，還有很多方法，不勝枚舉，而當這個肌肉僵硬現象遍及全身時，可能就會出現舞台或電視節目上，衆人將其視作奇術的，產生許多誤解，經常可見的人橋現象。

為了使觀看的人擁有驚訝的要素，因此，經常藉著集體催眠，在提高全部的人的被暗示性的狀況下使用。看到全身肌肉如棒子般僵硬的人，被擱在椅子上，好像一座橋一樣，絕對不會掉下來，甚至可讓另一人坐在上面。

當我在嘗試這個人橋實驗時，一定會讓對方脫去上衣，摘下眼鏡，為了使手容易進入僵硬狀態，因此提醒他們握住褲子中心線的稍後方，當身體放在椅子上當成橋樑時，用手抬起其腰部，並給予「變硬，並且像弓一樣反挺」的暗示，使得脊椎成為弓形。如此一來，就算有某種重量置於腰部，就力學觀點而言，也是能夠忍耐的。

從以前開始，會出現類似僵住症現象的，並不只是人類，據說動物也會出現這種現象。將雞的頭壓在黑板上，在眼睛的前方，用粉筆將好像「八」的字的兩側往旁邊拉，這時，就算放開雞，牠也會一直保持這個姿勢，在這個位子上定住不動。

另外，青蛙翻身以後，如果撫摸牠的腹部，牠就會喪失肌肉的緊張度，保持這種狀態而無法動彈。

這一點看起來與人類的情況非常相似，但是通常，據說是對外敵畏懼之故，而產生的疑似死亡反射，因此，必須與人類的催眠狀態加以區別。

這兒所說的在輕微催眠狀態下的運動支配現象，正確的說法是，使用隨意肌支配現象。例如，在提升工作效率上，也可以廣泛加以運用。

這是美國的實驗結果。在催眠中，讓對方進行工作，與平常相比，平均能增加百分之十六的作業量。在日本也曾做過這樣的實驗，在催眠中進行像穿針這樣精細的工作，結果發現，能夠更加正確、迅速地完成。

就像有人說，指尖的肌肉一旦被控制時，就會變得靈活，雖然目前還沒有明確的資料顯示，但是，我認為與其注重這方面的作用，倒不如認可在產生隨意肌支配的輕催眠狀態下，能夠使身心放鬆，而且也能夠袪除按壓在心底的不安等的催眠作用。

藉著暗示也可能造成休克、死亡

先前探討的是手、腳等隨意肌的支配，那麼，不隨意肌的情況又如何呢？我們每天的生活當中，像遇到考試等的重大事件時，會感到非常的煩惱，甚至出現神經性下痢症狀。在面試會場，甚至聽得到自己的心臟鼓動如雷的聲音。

此外，在做健康檢查時，有的人甚至連坐在醫生面前，就會暫時血壓上升；或者在壓力的積存下，造成十二指腸的潰瘍。

也就是說，這時的精神狀態對於脈搏、呼吸、血壓、胃腸的功能等，產生很大的變化。而會產生這種變化的精神狀態，如果在催眠狀態下藉著暗示而產生的話，則不隨意肌的支配現象，應該也和隨意肌的現象一樣容易引起才對。

不過，以我的經驗來看，不隨意肌支配的現象，大部分是在催眠深層的狀態下引起的。當然，被暗示性較高的人，在淺催眠狀態下，也可能會引起。本書為了與隨意肌支配對比。因此，在較輕微的催眠狀態處為各位探討。

我曾在NHK電視節目中，使用波動描記器，讓觀衆看這種不隨意肌支配現象。所謂的波動描記器，就像測謊器一樣，能夠發揮很大的威力。我對被引導進入催眠狀態的對象說：「你現在正在開車，車速不斷升高。現在，正以猛烈的速度疾馳著。啊！旁邊有一輛車衝過來了。兩車相撞了。」

給予這樣的暗示，同時觀看波動描記器的動靜，發現原本平靜的脈搏，在這一瞬間，突然跳動迅速，同時，血壓急劇上升，接受實驗者的呼吸變得非常急促。因為我的暗示，使他恐懼的情緒增強，交感神經出現興奮，藉著這個實驗便可一目了然。

除此之外，對對方做出「你正在吃砂糖」的暗示時，發現血糖量立刻就會增加。在催眠狀態下。

「你現在正好好地休息」、「現在正在做很輕鬆的工作」、「正在做劇烈的勞動工作」。給予這三階段不同的暗示時，發現比起安靜時，輕鬆工作約增加二倍半、勞動工作增加三倍半的呼吸量。有的人說，心中想的事情立刻表現在臉上的人，是「老實人」，催眠就是使身體和心靈毫無掩飾地顯露於外的「老實狀態」。

九州大學醫學部教授池見西次郎教授，對於藉著催眠支配自律神經，因而出現「老實」現象，列舉了一個耐人尋味的例子。一位中年女性F夫人，訴說自己每到半夜十二點時，一定會出現心臟發作的情況。做心電圖檢查時，發現冠狀動脈不全（掌管心臟營養供給的冠狀動脈血液循環不艮而引起的症狀）。

但是，為什麼會在固定時間發作呢？難道是心理原因作祟嗎？於是對F夫人進行催眠誘導，暗示她「今天晚上十二點會發作」。結果，真的心臟病發作了。也就是說，誘導者的暗示引起心臟內的動脈產生「觀念運動」。

在她熟睡的時候，就產生一種「到了晚上十二點時一定會發作」的自我暗示，因此，發作並非由於器官本身的疾病，而是因為腦的演出造成的。

詢問F夫人時，發現剛出生的嬰兒每到半夜十二點時，就會出現抽筋現象。因此，她害怕得心臟不停地跳動著，只好接受醫生的注射。終於知道原因就在於此。但是，服用安眠藥熟睡以後，就不會出現心臟病發作的現象。也就是說，讓腦完全處於睡眠狀態中，就能夠斷絕將暗示送往心臟的根源。

我們經常會在生氣的時候，說：「氣得腸子都打結了。」這並不只是言語上的氣話。根據心療醫學的研究報告，為一位因丈夫風流而感到煩惱的婦女進行催眠誘導時，暗示她「現在妳的丈夫正在風流啊！」這時，發現腸真的開始打結，發生嚴重的腸扭轉症。由於我以前曾看過這個X光片，因此，非常了解暗示所具有的偉大的力量。

由此可知，經由催眠暗示，想要使身體機能完全遭到破壞，也不是不可能的。對心臟病患者說：「現在你從十二樓向下跳。」光是給予這個暗示，就會使心臟跳動次數急速地上升，甚至會引起休克、死亡。事實上，給予不安或憤怒的暗示，心跳從七十上升到一百二十的例子也不是沒有。

腦中的知性領域，會任意地接受給它的訊息，誇張地說，甚至有面臨死亡危險的存在。所以，我說催眠如一把雙刃刀，其理由在此。而我們脫下人類外衣的「無防備」與「老實」的表現，在催眠現象中，表露無遺。

由此可知，甚至連心跳都能加以控制的不隨意肌支配現象，和手腳運動支配同樣的，不光是他者催眠，只要熟悉自我催眠法，自己也能引起到某種程度。

自律訓練法或日本的禪等，其效用被廣泛地認定，很多專家以此為主加以應用。經常保持精神狀態的平靜，是禪或瞑想法的目標，藝術家們藉此而充實創作活動者，亦所在多有。

根據截至目前為止所知的報告，給予「夜尿的習慣痊癒」或「腸蠕動活絡」的暗示以後，實際上治好夜尿症、便秘的例子也曾出現。

使所有感覺遲鈍的中度催眠現象

使感覺器官的作用過於敏銳或降低

我曾在NHK的某個電視節目中，做過一種暗示實驗。當天節目的主題就是「暗示」，舞台上聚集了二十位大人，如箱子狀的塑膠圍板自天花板落到他們的周圍，這是為了避免當場的味道擴散到外界之故。這時，將一個充滿空氣的高壓氣體容器，拿到場中，我站在稍遠處說：

「在這個容器裡，裝著的是有甜味的氣體，聞到味道的人，麻煩請舉起手。」

當我這麼說而打開容器後，幾乎所有的人都舉手了。

接著，把另外一個人叫到容器邊，讓他打開容器，當然，感覺是沒有味道的，因此，他很驚訝的說：「可是，剛才真的聞到甜味了啊！」

這個例子顯示出，在全部人員正常的狀態下進行時，人類非常容易受到暗示所左右。而如果在催眠狀態中進行的話，不要說嗅覺的支配，甚至連所有感覺的控制都不是不可能的。

在我們的日常生活當中，就算不是在催眠狀態下，如果是處於「心不在焉」的狀況，實際上能夠看到的東西也看不到，聽得到的聲音也聽不到，像這樣的現象經常會出現。由於心理狀態不同，對事物的感覺也會改變，這種情況屢見不鮮。藉著催眠暗示使得處於催眠狀態中的人，關心度和心情產生變化的話，當然，感覺也會產生變化。

這種感覺的變化，就可能產生運動支配，或者使輕微的催眠狀態更深入恍惚狀態。隨著催眠狀態的加深，幾乎知覺都會變得遲鈍，聽覺、皮膚感覺等感覺器官，也會變得遲鈍。這時，在感覺器官的功能上再加上暗示的話，感覺可能會變得過於敏感，或者是鈍化，甚或產生錯覺。

當然，由於能產生所有的感覺，因此，如開頭的例子所顯示的，包括氣味的錯覺在內，熱、冷、痛等現象的減輕，都較容易出現。

甚至，所有的感覺會消失，而實際上不存在的事物或聲音等，都看得到或聽得到，就是說，可能會達到一個幻覺現象的階段。關於這些現象，在接下來的深層催眠狀態處為各位探討。

能夠出現暫時色盲或聽覺敏銳的現象

首先，我們來探討一下視覺、聽覺的變化。根據以往的實驗例子，讓某個小孩在催眠下進行暗示，讓他看印在看書者角膜上的文字（約一毫米大小）。結果，他就能夠很順利地將這些字讀出來，另外，假性近視藉催眠治癒的例子也很多。換言之，視覺藉著催眠暗示而能夠發揮更為敏銳的作用，雖然實際上視力是否增加，我們現在無法斷言，不過，還有以下耐人尋味的研究。

美國的心理學家巴巴和迪雷，進行催眠下的色盲實驗。接受實驗者看色盲卡，並給予以下的指示。

「這裡有卡片。每一張都要看，盡可能不要注意『紅色』。要注意卡片的其他部分。只有『紅色』，要無視於它的存在。好像看不到『紅色』似的。」

在這種暗示下，百分之三十的人都會表現出好像與生俱來就是紅色色盲者的類似反應。而將暗示的「紅色」改為「綠色」時，也同樣會出現類似綠色色盲的反應。

此外，也可以引起聽覺變得敏銳的現象。聖經上說，基督在野外說教時，為了聆聽他的教誨而聚集的幾千名群衆，即使在遠處，也能聽到他的聲音。這被稱之為「奇跡」，但是，此非「奇跡」，而是藉著中度催眠狀態下的暗示，普通人的聽覺也會變得敏銳所致。

事實上，根據研究顯示，平常聽不到的小聲音（專門術語為潛意識刺激），卻能夠聽得到的例子；或是聽覺非常正確的例子相當的多。以我的經驗來說，一位進入中度催眠狀態的女性，讓她站在距離大約三公尺遠的地方，重複給予「聽得很清楚」的暗示，竟連一般距離六十公分遠就聽不到的懷錶滴答聲，也聽得非常清楚。

相反的，原來聽得到的聲音，也可以變成聽不到。換言之，藉著催眠也可以引起重聽或耳聾的狀態。以一百名學生來進行實驗的美國學者的研究，發現其中十四人成為重聽者，六名聽不到聲音。

實際上，是否真的聽不到聲音，在學說上各有不同的區分。如果要製造真正的耳聾狀態的話，通常不是在中度催眠狀態，而是在更深入的催眠狀態中給予暗示，才能夠達到。中度的催眠狀態下，應該說可以引起某種程度的聽覺減退較為恰當。

藉著味覺的控制治好偏食

在催眠暗示中，視覺、聽覺、味覺、嗅覺的控制較容易進行。在催眠下，只是裝著普通水的玻璃杯，暗示其為檸檬汁時，接受實驗者喝了就真的能感覺到檸檬味。

此外，還有卡本特的著名實驗。以氣味為線索，從六十個人的手套中選出特定的手套，或者在一百張名片中，只有一張留下味道，再次混合以後，也能夠正確地嗅出的例子，都有成功的報告。

藉著催眠暗示的味覺變化現象，專家們經常用來矯正孩童的偏食習慣，具有很好的效力。

首先，讓小孩想像自己不喜歡吃的食物，使這種不喜歡的味道成為幻味，「同樣的味道實際上非常的好吃，很快你就能體會它的美味了。」重複給予這樣的暗示。藉著這種方法，實際改善偏食習慣的例子非常多。

也能自由地進行熱、冷、痛的控制

在中度催眠狀態下所產生的感覺支配，自昔日以來就廣為人知，而且多方面加以應用的就是皮膚感覺、痛覺的控制。在許多的實驗當中，要產生這種現象的順序大致如下。例如，讓對方右手臂痳痺，而誘導者撫摸著接受實驗者的右手說：

「像這樣子撫摸手臂時，這個部分會逐漸變得溫暖。」

「你看，真的有點溫暖了。」

「變得更溫暖了。」

像這樣給予溫度逐漸上升的暗示。

其次，誘導者以左手用力地握住對方的手臂，同時，停止右手的撫摸動作，然後，輕按接受實驗者的手臂，

「等我數到三時，現在相反的會開始變冷。」

一邊說著，一邊用力地接住對方的手臂，

「好，會變得非常冷哦！」

「變得更冷了。」

「變得像冰一樣冷嘍！」

「真的變得很冷，好像我隔著很遠的距離在觸摸你的手一樣。」

說著，再次慢慢地撫摸對方的手臂。

「感覺變得非常遲鈍了。」

「你已經沒有感覺了。」

像這樣子，可以輕易地產生溫感，再產生冷感，藉此進行引導感覺麻痺的動作，通常對方就會喪失手的感覺。另外，我曾經嘗試暗示一位女性，手好像罩在火爐上一樣，接著，拿起她的手朝前伸出。

「好燙啊！太過於接近，妳的手會被燒痛哦！」

當我這麼說時，這位女性一邊叫著「好燙啊！」，一邊反射性地在瞬間收回手來，當我後來想要接觸她的手掌時，她就好像怕痛似地避開我的接觸。

實際上並沒有火爐的存在。她只不過是坐在房間裡面的椅子上而已。儘管如此，藉著誘導者的暗示，卻能夠使痛覺發揮作用。在國外，藉著燒紅的鐵棒的碰觸這種暗示，甚至就真的出現灼傷的症狀。

像這種使痛覺或皮膚感覺發生或者喪失的催眠現象，在中度催眠恍惚狀態下產生的，大都是部分無痛或戴上手套似的感覺鈍痲狀態。而感覺支配要再朝前，完全進入無感覺現象的話，必須是在更深入的催眠狀態才會出現。如果人類被引導到一個完全無感覺狀態下，會發生什麼情況呢？

美軍廣泛地進行催眠訓練，關於其成果，有一段故事可供參考。

接受利用自我催眠而不會感到痛苦的訓練的士兵，在一次偶然的機會中，剛煮好的咖啡洒在自己的膝上。他按照所學到的訓練，進行自我催眠，完全不讓自己感覺到疼痛。實際上可能半年都會留下傷痕的燙傷，若在一般狀況下，定會感到劇痛。但是這士兵卻沒有任何不舒適感，能夠正常地行動。

學習到自我催眠技巧的「超人催眠軍團」，在槍林彈雨中，也能夠若無其事地進行突擊，這種畫面光是想像，就會使人覺得藉著催眠控制感覺的能力，大得讓人難以置信。

催眠的研究者對於這種無痛現象，有的人認為和實際痲醉一樣，接受實驗者不會感到痛苦，給予肯定說。但是也有人完全相反，認為真的很痛，卻故意表現出不痛的樣子，給予否定說，如此衆說紛紜。

但是，疼痛必須是由紀錄於腦中的生理現象，以及與此相反的心理反應，結合在一起，才會感覺到痛。因此，如果要減輕心理的反應，轉移對痛苦的注意力，集中在其他事物上，疼痛當然會減輕。所以，藉著催眠的皮膚感覺、痛覺的控制，可以應用在各個範圍上。

野戰醫院的手術不需要麻醉藥

據說催眠融入人類生活的關鍵，是在第二次世界大戰時期。在戰場上，催眠發揮了很大的作用。其中之一就是戰爭神經症。因為戰友之死，或是可怕的砲彈爆炸，或是面對攻擊時的退卻、緊張感，因而產生異常精神現象的士兵陸續出現。

使用催眠誘導讓患者想起造成這種疾病原因的精神打擊的場面，使情緒發散，這個方法發揮了很大的效果。

但是，催眠現象更加鮮活地烙印在人們的印象中，那是一群因戰鬥而受傷的人帶來的。傷者陸續被送往前線的野戰醫院，他們的傷勢當然是日常生活中不常見到的。至少在第二次大戰之前的戰爭，盡量殺光敵方的戰鬥員，或使更多人身負無法戰鬥的傷勢，是作戰的最大目標。

像我們這種在和平生活中度日的人，光是滑雪而骨折就擔心得不得了，然而在戰場上，這根本不算什麼。炸彈的碎片可能會刺中腹部，下半身被戰車輾過的情況也不是沒有，身體所受到的蹂躪，令人難以想像這是在現實生活中會發生的事。

然而，這些身負重傷被送到醫院的士兵們當中，竟然有一位在手術時完全不需要麻醉。在做手臂切斷手術時，由於麻醉藥已經用完了，沒辦法，只好由幾個人壓住士兵的身體，來

在野戰醫院沒有麻醉藥，
但是士兵藉著催眠術，也能夠忍耐手術的疼痛

進行手術。但是，那士兵似乎完全感受不到疼痛似的，臉上表現得若無其事。施行手術的醫師感到非常驚訝。

像這樣的例子持續出現，因此，醫師們的結論是「由於能夠生還的喜悅過大，因此，將注意力集中於此，就不會感到疼痛了」。終於，這個狀態以人為的方式加以製造出來，使得催眠被導入人類的生活中。

這是藉著催眠暗示，使注意力集中於誘導者的言語上，在催眠下進行手術的方法。在缺乏麻醉等醫療用品的戰鬥現象，這個方法非常有幫助。

今日在進行手術時，不需藉著催眠來支配感覺，不過以前日本舉辦過的國際心身醫學催眠學會，以「疼痛的控制」為主題的討論會當中，承認催眠可應用在小兒科、牙科的拔牙處置、催眠感受性非常高的孕婦的無痛分娩等專門範圍上，具有廣泛的效用。

總之，用於這些治療時，能夠使疼痛減輕，而且去除接受治療者的不安感，具有極大的意義。

汗或唾液的分泌活動也會藉著暗示產生變化

在中度催眠狀態下，伴隨著感覺支配會產生的身體變化，例如，

「有夏橙的味道。」

在這樣的暗示中，口中真的就會分泌唾液。把水說成是酒，讓對方喝時，可能有的人臉會發紅，

「身體發熱嘍！」

在給予這暗示時，實際上也可能會出現流汗的現象。

現在簡單而扼要地為各位說明為何會引起這種現象。通常，人類的感情與身體的反應是藉著間腦相連。間腦中有自律神經的綜合中樞，支配著內臟、腺血管等。間腦與大腦連絡，因此，自律神經系統的活動當然受到大腦的影響。在催眠中，這個影響藉著暗示的力量而促進。即使不是處於催眠狀態下，唾液或汗的分泌，也受到我們的精神狀態很大的影響。催眠暗示就是有意識地製造能使這種分泌作用活絡的精神狀態。

甚至能改變人格的深催眠現象

在深催眠狀態中引起觀念支配

催眠狀態從中度再深入時，到底會發生什麼樣的現象呢？在催眠誘導法中，為各位介紹過許多的深化法、想像法及其他方法等，會使得誘導進入催眠狀態的人，漸漸進入深恍惚狀態中。

人類意識包括意識、前意識、無意識，以及在心裡各層的作用，催眠性恍惚越深的話，接受實驗者的注意力焦點，會從意識擴散到前意識，再擴散到無意識。就好像是藉著催眠，在心層打了洞，鑽探的程度打到心裡深層。

這也意謂著，在深催眠狀態下，能夠輕易引出封閉在人心靈深處的記憶、慾求、願望或不滿等。

我們在日常生活中能夠意識到的，只是心裡的一部分而已，剩下的意識下的部分，則是支配我們精神與行動的強力心理。將這無意識的部分加以鑽探，在深催眠狀態下進行暗示時，幾乎所有的人藉著暗示，都能夠輕易地被控制行動與精神狀態。

所謂深催眠狀態就是，提高接受實驗者的被暗示性到極限的狀態。因此，這與先前所敘述的僵住症等的運動支配，手麻痺或部分無痛的感覺支配等，完全不同。會出現一些日常生活中難以想像的現象。

也就是說，會引起更深次元的觀念支配現象。這當中甚至會出現支配全人格現象，或者支配從催眠到清醒後行為的現象。

從完全無感覺狀態到盲目現象都會出現

在深催眠狀態下，中度催眠狀態的感覺支配會更加亢進，而製造出完全無感覺現象。如果使用使手出現部分無感覺現象的同樣暗示，則陷入深催眠狀態的人，例如，用針刺他時，也完全不會感到疼痛，就算是非常靠近火爐，也完全不會覺得發燙。從米爾敦・艾利克森開始的這一派的催眠研究，報告顯示有時使用催眠法，甚至能創造出眼盲或聾啞的現象。

當艾利克森給予對方「看不見」的暗示時，就能主觀地得到好似真的眼盲一樣的狀態。此外，一位學者戴尼斯的研究指出，曾出現就算在正後方鳴槍，也完全無動於衷的催眠性耳聾現象。這些人的想法係認為，人類的聽視覺能夠百分之百地受到支配，當然，也有人對此提出懷疑。

美國的帕提，有次以五位實驗者來做製造單側性眼盲狀態的實驗。發現當中四人的雙眼，能夠完全發揮功能，剩下的一人在最初實驗時，似乎出現一隻眼睛看不見的結果。但是，在給予眼盲暗示這一邊的眼睛，使用綠色遮板，而另一側的眼睛使用紅色遮板以後，進行閱讀用各種顏色寫下的文字的測試時，發現兩眼都看得到。

如果，給予暗示的眼睛無法發揮作用，那麼，接受實驗者透過紅色的遮板，除了紅、黃、橙色以外的顏色，立刻都能看清楚，但是如果受到暗示的眼睛依然能夠發揮作用，那麼，綠色遮板就具有妨礙視線、擾亂的作用。

在聽覺方面，接受「耳朵聽不到」暗示的人，使用自己說話的聲音會延遲四分之一秒播放的裝置，讓它重複、持續說話時，如果受到這聲音的影響，那話就會說得不流利，但若與正常狀態相比，受到妨礙的程度較少，這個實驗結果的報告是由美國的學者群提出來的。

由這些例子就可以知道，深催眠狀態能夠支配視覺、聽覺到某種程度，但是，與真正的全盲、全聾相比，在功能上多少是有些不同。

藉著暗示力成為幻想或想像的主角

姑且不論這種完全無感覺現象，深催眠狀態下，可藉著暗示力，使接受實驗者成為幻想或想像的主角。形成深催眠恍惚狀態的人，給予簡單的暗示就能產生幻想。

「聽到下雨的聲音了。」

「真的下雨了。」

「雨越來越大了！」

「淋濕了可不好，借你一把傘吧！」

說者將棒子交給對方，進入催眠狀態的人，會好像撐傘一樣地用手拿著該物。

給予一位少年被巨大野狗攻擊的暗示，對方顯示出劇烈的恐懼感，想要轉身逃走。我也曾經對一位年輕人做實驗，暗示他花了三年時間，終於考上理想的大學，而且已經入學了，他喜悅的表情顯露於外，高興得在四周不停地跑跳。

這種現象若是以本人過去的經驗或類似體驗加以暗示時，就更容易引起了。

神經衰弱的治療等，藉著催眠的應用所使用的想像法，大都先要詢問本人過去的實際體驗，理由在於此。對給予暗示的人而言，自己成為想像中的主角，會出現喜、怒、哀、樂、恐懼等情緒性的變化。

在深催眠狀態下會出現這種想像現象，是因為靜靜地閉上眼睛，完全封閉了來自外界的刺激，使自己能夠完全埋首於心中的世界，而唯一的刺激則是給予自己的暗示，因此，能夠使想像力發揮到最高極限。雖然沒有來自外界的實際刺激，但是，這個人以往所經歷過的各種感覺，都會再次出現，或者只出現一部分，或者組合似地出現。在催眠狀態下，會出現各種程度的變化。

而這些變化藉著暗示力，可能會增強或轉弱，以專門術語來講，就是「記憶心像」，更進一步地，就會出現好像就在眼前，還有逼真感的現象。後者與其說是想像，還不如說是幻覺，在深催眠狀態下，在各種感覺上，都較易出現這種幻覺現象。

各種感覺所產生的幻覺

提到幻覺，有人認為這是精神病患者特有的症狀，但是正常人，例如，在睡覺之前，或剛醒來的茫然狀態中，都會出現如夢似幻的景氣。

像大麻或ＬＳＤ在服用時，就會產生各種的幻覺。這是一般人都曉得的事。總之，當我們處於清醒狀態時，應該不會有什麼幻覺，如果有的話，則疑似精神病了。

但是，若我們置身於遮斷外界刺激的狀況下，那又另當別論了。例如，用膠帶將割成兩半的乒乓球貼在兩眼上，手腳用紙筒裹住，讓其睡在隔音室的羽毛被上，減少來自外界的刺激，置身在單調的狀況中。一定會有人產生幻覺。

在進入隔音室之前，

「如果是普通人，應該會看見些什麼。」

給予這些暗示，或是

「服用這個藥就會產生幻覺。」

給予胃藥或麵粉，大部分的人在三十分鐘到一個小時內，就會說看見幻覺了。

名古屋大學環境醫學研究所的杉本助教，曾做過如下的實驗。將一個大學生關在隔音室中二十四小時，這隔音室的內壁係以隔音材料裝修，中間有類似客機座椅的椅子兩把，以及一具西式馬桶。關上門，四周一片黑暗，只聽到單調的換氣扇的聲音。

該大學生在黑暗中嚼著點心、麵包，在黑暗中摸索著大小便。在這期間，並以麥克風報告自己的精神狀態。過了兩個半小時以後，聽說「聽到天花板有聲音」的幻聽，過了四小時十分鐘之後，開始看到花或側臉等的幻視現象也出現了。過了二十三小時十二分，實驗快結束時，他說耳朵聽到大型噴射機爆炸的聲音。當然，在隔音室內，沒有任何聲音或光線侵入，一切都是幻覺。

人類的腦藉著來自眼、耳、皮膚等的各種刺激而能保持正常狀態。因此，當這些刺激除去時，潛在意識就好像海面下的冰山會翻上來。在深催眠狀態中的幻覺現象，是藉著暗示力提高了這種人類心理特性而產生的。即使是身為催眠誘導者的我們，也是同樣的，當感覺到好像海底探險般似的痛苦時，這些幻覺現象就會從潛意識中浮上來。

但是，長時間置身於單調、無聊的環境中，腦的活動會衰退，變得紊亂。像經常會出現幻覺的精神病，並不是幻覺由潛在意識中浮上來，而是處於一種封閉的狀態而引起的。在深催眠狀態下所產生的幻覺，會出現在各種感覺中，而最常出現的就是視覺幻覺。

把麵粉說成是「幻覺藥」讓對方服用，
真的就能造成幻覺。

催眠的深化法中有這樣的暗示。

「當我數到三時，紅色會在眼前出現。」

「顏色出現以後，右手像這樣向上抬。」

將右手向上抬，示範給對方看，

「一、二、三。」

「應該看見紅色了吧？」

「漸漸變成鮮紅色了。」說著，大部分的接受實驗者都會舉起右手來。

暗示的顏色也可以改為黃色或藍色。

此外，

「你現在坐在廣大的草地上，周圍滿是美麗的、盛開的玫瑰花，天空晴朗無雲。」

在這樣的暗示下，好像真的看到草、花和晴空一樣。

聽覺的幻覺在給予雨的暗示時會出現，或者是接受置身於機械「匡隆匡隆」響的環境中的暗示時，因為很不舒服，表情會扭曲，甚至會摀住耳朵。

接受到在餐廳裡，服務生送來牛排的暗示時，就會出現拿起刀叉，享用美食的味覺的幻覺。當暗示給予對方的是一瓶高級香水時，就算其實那是一瓶普通的水，對方也會湊近去聞，表示很香，好像想噴洒在身上，這就是嗅覺的幻覺。

這些情況都是看不見的東西看到了，聽不到的聽到了，是屬於「正幻覺」。相反的，原本存在的東西，藉著暗示使人看不到或聽不到，便是「負幻覺」。當然，這也要在深催眠狀態下才能產生。在完全無感覺部分為各位介紹的催眠性盲、催眠性聾的例子，就相當於「負幻覺」。

總之，這些幻覺現象，通常都是位於心的知覺與表象之間的中間位置的假性幻覺。但是，根據我的經驗，對一些被暗示性較高的少女，暗示她們產生坐在公園長椅上的幻覺，引導她們好像要坐下來一樣。結果，少女們就優雅地坐下來，當然，全都跌在地板上。

這個現象比假性幻覺更進一步，在深催眠下，有時引出這種負性幻覺的例子也不少。

可以成為鳥或他們的人格變換

如果能夠誘導接受實驗者進入深催眠狀態中，藉著催眠暗示，不但能夠引起成為幻想或想像主角的現象，甚至也會引起性格上的許多變換。例如，引導接受實驗者進入深催眠狀態，然後給予以下的暗示。

「你的雙手漸漸向上抬了。」

說著，讓對方的手向上抬，

「你認為這是你的手嗎？這是你的翅膀，你已經變成一隻鳥了。」

「你現在拍拍翅膀。」

「你看，逐漸升高了。」

這時，對方的手就會啪、啪地拍著，做出好像身體在空中飄浮的動作。

即使是經常做此項實驗的我，每次遇到這種情形，不禁會想：一個具有自立意志的人，為什麼會變得如此脆弱呢？

這種情況並不只限於變換成動物，在這一階段的催眠狀態，接受暗示者都有可能做出被暗示人物的動作，產生這些現象。這些現象稱為「人格變換現象」。

實際上藉著暗示，接受實驗者會表現出自己都難以想像的性格。例如，暗示他是一位網球名將時，臉上就會露出好似運動選手的表情，開始揮拍打網球。此外，暗示年輕女性說：「妳是時裝模特兒，現在開始時裝表演了。」對方就會挺直背脊、走著台步，在那兒轉圈。

但是，在這又產生了一個疑問：「接受實驗者真的只是暫時成為暗示人物嗎？還是性格會完全改變，而有了新的性格呢？」

這是很久以前的研究了，為了調查這種性格變換的情形，讓某位接受實驗者藉著暗示變成居禮夫人，然後進行墨跡測驗。所謂墨跡測驗就是，藉著解釋墨水的污點被看成什麼，而來探索一個人的性格、複雜感情的投影法的一種手法技巧。在實驗這個測試時，接受實驗者的性格與以前明顯的不同，顯示出另一種個性。

這個結果也就證明了接受實驗者會暫時的喪失自己的性格。

但是，另外一方面，也有不少人提出反對的理論，認為即使對方對象進行人格變換的暗示，對方也不會出現明顯的變化。

而我曾經嘗試過這樣一個實驗。以某位學生為實驗對象，在深催眠狀態下，顯示出這位學生的朋友A的名字，並且暗示他說：「你就是A。」結果，這位學生的動作和聲調，和A都完全一模一樣。

問他叫什麼名字，他回答是A；問他住址，也回答了A的住址。我想，就算這個學生的性格已經變換為A，但是，關於這個學生可能不知道的A的一切，如父母的姓名、兄弟的出生年月日等，加以詢問時，正如我所想的，他說的是自己想像出來的名字，或者回答自己的出生年月日。

光是經由一個實驗來做判斷，似乎太草率了些，至少，我可以說人格變換現象，如果接受實驗者不對暗示人物具有某種程度的認知的話，是不太可能產生的。

例如，舉出歷史上知名人物的名字，暗示對方是「你是織田信長」，同時，配合對方對織田信長的認知，產生反應，是具有某種程度的可能性。但是如果對不知織田信長為何許人也的人做出這樣的暗示，應該不會產生人格變換現象。

即使對方知道織田信長，在信長之後，又暗示他「你是家康」，這時，他所做出的動作，和認為自己是信長時，也沒有多大的差距。換言之，如果對方於暗示人物的興趣越淺，只是以想像的方式加以捕捉，將無法做出明確的區分。

但是，人格變換並不是單純只與知識、認識冰山在水面上的部分──意識的部分有關而已。某位男性實驗者，暗示他成為女性以後，態度、說話的方式並沒有產生變化，只不過變得扭扭捏捏的。由這個例子就可以知道，如果暗示接受實驗者成為他不想變換的人物時，通常成效不佳。

有一次，我對某女性知識分子暗示說：「你是歌手。」結果，她就做出拿起麥克風的動作，顯示出與平常完全不同、令人難以想像的歌手的姿勢。她做得非常好。我經常遇到這樣的場面，但是，我在這種情況中通常會察覺到，在她的無意識層中，就算不想當歌手，可能也有想在人前高歌的慾望。

由此可知人格變換現象，如果越是接近接受實驗者願意充當的人物，或者接近於他無意識的願望，就能夠順暢地引起其做出「像這個人物」的表現。因此，我們在進行人格變換的催眠實驗時，在進入誘導之前，與對方需做心靈的溝通，找出他較容易受那一種人物的影響，在暗示中給予這種人物，較容易使實驗順利地進行。

藉著催眠解開雙重人格之謎

總之，人格變換現象不只是製造出接受實驗者知識與想像的現象而已，當誘導者能夠藉著催眠，對接受實驗者潛在意識固執的願望或記憶產生作用時，就好像冰山翻轉一樣，原本在水面下的部分，反而變成在水面上。

換言之，這就是藉著催眠實驗，製造出所謂「雙重人格」。一談到雙重人格，經常引用的例子就是西元一八八七年，實際在美國發生的安塞爾・普安牧師的例子。

在羅德島州某城鎮擔任牧師的男子，有一天從銀行領錢出來以後，就突然消失了蹤影。兩個月之後，賓州某域市一自稱叫做布朗的男子，在某日早上突然醒過來，很驚訝地叫喚著衆人，問他們自己在做些什麼。

這位布朗的男子，六個禮拜前在此地租了一間小店面，經營化妝品店，但是，他卻說完全不記得這事了。他自稱應為普安，從銀行領出錢來彷彿是昨天的事似的。

一位叫做詹姆士的學者，對普安進行催眠，在深催眠狀態下，他絲毫想不起自己是普安時的生活，似乎根本沒有聽過普安這個人。相反的，對失蹤兩個月內所發生的事，卻知之甚詳。

我想，在這位普安牧師心靈的無意識層中，平常熱心傳教活動的性格已經消失無影無蹤，取而代之的是做生意的慾望。這人經常因頭痛發作而昏倒，可能原因就在此吧！總之，因為某個關鍵，他自己都沒有察覺到，自己已經轉換成喜歡做生意的布朗了。

像這種冰山倒轉現象，由詹姆士藉著催眠，完全加以分析出來。你能說在你的心中，沒有另一個自我的存在嗎？人格變換現象給我們留下了這一大疑問。

甚至會倒退到幼兒時代的年齡倒退

位於現代文明頂點的美國，盛行追尋自己心靈根源的風潮。

翻看報導美國消息的雜誌，看到因交通事故或心臟病發作，而被判定「死亡」的人，卻藉著醫生之手而復活，從死亡的邊緣「奇跡」似地生還以後，述說自己看到死後世界的話題，屢見不鮮。

住在美國加州的臨床心理學家海倫‧史都華博士的「時間旅行課程」，每次四小時課程索價二十美元，以十二～十五人為一組，出發前往過去。

參加者仰躺在鋪著地毯的地上，誘導其進入集體催眠狀態中，進入各自的前世去旅行。博士報告指出，已經成功地使兩千人向後倒退，甚至遠及古埃及時代。這當中有很多律師、醫師之類知識水準極高的人。

我從「甚至遠及古埃及時代」來判斷，小心謹慎地閱讀此篇報告，至少在深催眠狀態中，藉著暗示，能夠追溯到接受實驗者過去的任何一個時期。暗示的給予方法很多，一般是，

「我正在將你的年齡一年一年地減去。當我將倒數你的年齡時，時間漸漸地倒退，你會變得越來越年輕。」

給予這樣的暗示後，

「你現在二十歲……十九歲……十八歲……」

倒數至某一年齡，例如數到五歲時，

「你現在只有五歲。」

採用這樣的方法。進行這種暗示時，對方就會做出如五歲幼兒般的動作，某位實驗者開始吸吮手指頭，另一人則使用幼稚的話語。不只是如此，即使給予同樣的暗示，例如二十歲的男性先倒退到十五歲，

「你現在只有十五歲。請你想想，當初是怎麼稱呼母親的？」

「老媽。」

對方這麼回答。接著，

「把你的名字寫在眼前的紙上。」

說著，對方流利地寫下自己的名字。然而，當他的年齡再倒退到六歲以後，詢問同樣的問題，「老媽」變成「母親」，而自己的名字改用注音符號拼音。

換言之，深催眠狀態依暗示的不同，能夠使得接受實驗者追溯自己的生命，而產生「年齡倒退現象」。

雖然不合邏輯，但是這個現象以廣義而言，可視為人格變換現象的一種。如果換個角度來看，年齡倒退現象可說是人格變換中最易引起的現象。

會不會做適合年齡的表演呢？

我自己也經常嘗試這個年齡倒退實驗，但是，對方這當中的幾個例子，卻很難了解。

我曾使一位十八歲青年，年齡倒退至六歲時，

「你在教室裡。因為數學題沒有做，被老師嚴厲的責罵……」

到四歲時問他「幾歲啦？」回答。

「四歲。」

一歲時，

「媽媽在二樓，你一個人寂寞的吸著手指頭……搖搖晃晃地走路，撞到了桌角。」

再將年齡倒退至甫出生不久，這時，他的手腳開始收縮，身體好像變小似的，

「要吃ㄋㄟㄋㄟ。」

做出這樣的暗示時，他放聲大哭，如嬰兒一般。的確，在言語的使用上，會像幼兒一樣，但在一歲時，卻能夠聽懂照理講幼兒聽不懂的語彙。可是在描繪圖畫和寫字時，又和小孩子一樣。

由這個例子就可以了解到，有時我們無法判斷年齡倒退現象就是身心一起倒退嗎？很有可能是在無意識之下所做的表演。

進行催眠研究的學者中，對方這個解釋有很多不同的意見。的確，在倒退現象中，不論是生理或心理，都會重現與倒退年齡相彷彿的狀態（真的倒退＝復活）。例如，倒退到一歲的對象，做腳趾反射實驗時，發現真的就出現反射了。所謂腳趾反射實驗，是指給予腳底刺激，腳趾會呈扇狀展開的現象。是只有新生兒才會產生的現象。此外，使年齡倒退到各種階段，做智能檢查時，也有報告指出會表現出與各年齡相彷的智能指數。

儘管如此，另一方面，想出過去的某件事情，而由「現在的自己」來扮演，或者藉著暗示所顯示的各年齡的階段，認為應該要做出配合年齡的表現，而進行表演（假裝倒退）的現象也是有的。最好的例子不是年齡倒退，而是年齡前進（age progression）現象。

選年輕人當成接受實驗者，按照年齡倒退同樣的要領，相反的使年齡前進（增加），使其成為老人。

這時，對方會彎腰駝背，或做出拄著枴杖的樣子，遣詞用字也像老人家一樣。由這個例子可知，此年輕人以前並不是一個老人，所以他所顯示的言語、行動，是在深催眠狀態中，無意識中認為自己應該要展現適合老人的行動，因而表現出這樣的行為。

由此現象來加以類推的話，年齡倒退現象應該是一種無意識的分配行動。

專家中有支持「真倒退」的「除去說」及支持「假倒退」的「分配說」的兩種說法，不過，實際上所產生的現象，一般來說，應該是這兩型的中間型。

藉著年齡倒退甚至能追溯到前世嗎？

總之，深催眠狀態的確能使自己過去的體驗浮現出來，使記憶亢進，這在很久以前就為衆人所承認。因此，隱含著能夠充分加以應用的可能性。然而，有一位男子的作法卻使一般人認為催眠術是假造的。

二十幾年前，美國人班斯丁藉著獨自學習的方式，學會了催眠。他是一位實業家，認為如果讓年齡繼續倒退到出生以前的前世，是否能夠引出當時的記憶呢？於是，他為二十九歲的主婦催眠，結果她知道自己的前世出生於一七九八年的愛爾蘭，名為布拉迪・馬菲，六十六歲時因在自家樓梯前失足而致死。

也就是說，這個叫做馬菲的婦人的靈魂在靈界中徘徊，直到一九二三年，透過美國一位婦女的身體而重生了。而且，這名男子到愛爾蘭去查證，證實那個地方確實曾有一位布拉迪•馬菲夫人。於是，以這個事實為題，出版了『拜訪布拉迪•馬菲』一書，在美國成為暢銷書，令人震撼。

然而，這個靈魂歸復的故事，只不過是幻想的產物。諷刺的是，利用同樣的年齡倒退現象，藉著「催眠分析」而知道了這個事實。原來這個婦人在三、四歲時，曾經和阿姨一起住在愛爾蘭，而靈魂歸復是因為這個婦人事先感覺到班斯丁的意圖，因此，在被誘導進入催眠狀態時，一半藉著過去的記憶，一半藉著幻想，而編織了這個故事。

但是，如先頭的例子，各位可以知道，現在這種班斯丁式的偽造「催眠術」屢見不鮮。

深催眠狀態會引起記憶的錯誤到想起力、記憶力的亢進

我們常有記憶錯誤的經驗，像先前布拉迪•馬菲的例子，藉著深催眠狀態，以接近誘導詢問方式，巧妙地給予暗示時，以往沒有經歷過的事情，就好像自己曾經歷過似的，會加以記憶，但是相反的，經歷過的事情也可能會完全忘記，不記得自己曾有此經驗。

例如十幾年前，在美國調查甘迺迪暗殺事件的新奧爾良地方檢察官詹姆士•加里森，曾嘗試對證人進行催眠而成為話題。一位叫做培里•雷蒙•拉索的男子供稱，「我偷聽到雲斯

華和另兩名男子暗殺甘迺迪的計畫」。但是，藉著稍後的相反詢問，知道這名男子在檢察官的辦公室，曾被誘導進入催眠狀態三次。

然而，利用測謊器也沒有辦法斷定這名男子的供述是否便是謊言。也許只是為了提高其記憶力而進行催眠誘導吧！但是，也可能是刺激沒有辦法送達到潛在意識的深部，因此測謊器也沒有反應。總之，目前仍然成謎。即使不進行催眠誘導，不分晝夜面的盤問，就會產生一種催眠狀態，引起記憶的錯誤，可能說出一些自己都不記得的自白。

另一方面，記憶的亢進經由各個研究發現，在淺催眠狀態的記憶力與清醒時沒什麼大差距。但是，當催眠變深、周圍的雜音摒除於意識外時，尤其注意力集中，就好像年齡倒退現象的情況一樣，記憶力會產生顯著的變化，深催眠中的記憶，不論記憶力或想起力，都會顯著增加。

尤其是想起力的增加，對於過去的體驗或是固執心底深層的情感，現在自己成為病因的精神病患者的治療，具有很大的作用。以往的精神分析為了探索外表和察覺心底深處的病根，係採用自由聯想法等方法。而催眠狀態很容易就能使人想起心病的病因，現在與精神分析療法結合的「催眠分析」，已經廣為使用了。

在催眠中併用自由聯想法，就能夠穩定地想起壓抑在心底深處，過去的不愉快經驗或情感，使得心理病因漸漸淡薄，對於治療有很大的幫助。

除了專家的應用以外，一般人也可以利用催眠中的記憶亢進。不過，若你想藉此來背英文單字，我可不敢保證能否完全記住呢！

那是因為以往的經歷強烈，成為一生的記憶，在你的印象中留下痕跡，但是在催眠中，就算記憶力、想起力再怎麼增加，如果與自己的意識不合，或是像SP等的潛意識刺激的話，很可能便會消失。

支配覺醒後行為的後催眠現象

當我以學生為對象進行集體催眠時，深切地感受到現代人「心理變化無常」。

利用身體搖動測試進行催眠誘導，或是讓他們坐在稍微向後倒也不會產生危險的椅子上，使其閉上眼睛，放鬆心情，然後給予身體會向前後搖動的暗示。

這是想要提高對方的暗示性的被暗示性測試，學生中被暗示性較高的人，會陸續向後倒。我從中挑選最容易誘導的兩個學生，在講堂上嘗試高度的催眠暗示。然後再對看到這個示範的學生們進行催眠誘導，就有很多學生進入催眠狀態，經由我的暗示而向後倒。

大部分的人都會被催眠誘導。一般而言，大約百分之七十的人，確實被催眠誘導。也有人主張絕對不會被催眠誘導者只佔百分之五。

因此，若心存惡念去催眠他人，很難保證不會產生可怕的後果。

森村誠一先生的作品『催眠術殺人事件』，有令人震撼的短篇故事。

某女士被治療醫師進行催眠誘導，在沉恍惚狀態中，接受了用菜刀砍丈夫胸部的暗示，於是，某天便殺了自己的丈夫。在殺人後，於撥一通電話時，不禁忘了自己曾做過的事，連醫師的事也忘了。

結局是藉著新的催眠誘導，使她置身於當時的情況，終於找出一切都是那位醫生的計謀，真相大白。

二十幾年前，美國也曾發生類似的真實事件。一位叫卡爾・A・克波里諾的醫生，誘導與自己有肉體關係的陸軍中校威廉・E・法巴夫人進入催眠狀態，操控她去殺害法巴中校。

克波里諾依殺人罪被起訴，而法巴夫人因失去抵抗克波里諾的能力，因而獲判無罪。

由於這些例子，導致世人誤解催眠為邪術。對於以研究催眠為學問的人而言，實在是難以忍受，相反的，藉著暗示也能夠對這些反社會行動產生影響，由此可知，人類心理的脆弱。

這些例子，都是在深催眠狀態中所產生的後催眠現象。

在催眠中所給予的暗示，覺醒以後要立刻付諸實行，最簡單的方法就是誘導對方進入深催眠狀態以後，

「覺醒後我會合掌。然後說○○○這話。接著你就站起來，打開入口的門。」

給予這樣的暗示，使對方清醒。然後說一些話，這時，誘導者若無其事地合掌，說出○

○○時，對方會突然站起來，去打開門。更有趣的是，會找理由使自己的行動合理化。

「為什麼打開門呢？」

「因為熱嘛！」

完全沒有想到自己正處於後催眠暗示中，似乎真的覺得很熱，所以才去打開門。

巧妙運用後催眠暗示，使忘記催眠中的暗示

當接受實驗者處於深催眠狀態，一般而言，不會記住催眠中所給予的暗示。尤其是在夢遊狀態的催眠深度，會完全忘記催眠中的經驗，引起完全的「後催眠性健忘」。但是，有些人無法做到這樣，或者想使後催眠暗示進行得更順利的話，在給予暗示以後，還必須加上忘記這些暗示的暗示。例如：

「清醒以後，當你看到我把手放進口袋中，你就拉上房間的窗簾。清醒後的你，將忘掉我現在所說的話，但是會照我的話去做。」

可以給予這些暗示。

然後，對方就會完全陷入後催眠性健忘中。

有時，藉著後催眠暗示，可將自己所做的行動藉著催眠中所給予的關鍵字或數字而忘記。如前面森村先生的作品中，那位殺人的女性所撥的電話號碼是四八八七，這時，她口中所

說的話是經由數字聯想出來的「幸福」。以數字和話為關鍵，她瞬間便忘了自己殺人的事。

像這種後催眠現象，再進步到另一階段，在清醒以後，甚至會產生的幻覺。在催眠中的接受實驗者說：

「當你清醒後，在我拍手時，你眼前似乎看見了小貓。」

給予這樣的暗示使其清醒後，他便好像看到了小貓一樣，做出撫摸的動作。也就是說，藉著後催眠暗示產生「正幻覺」。

這種後催眠暗示的效力，可以持續多久呢？根據我以往的經驗，大都在清醒後不久就會消失，至多一～二小時。

但是，我以前讀過艾德加・亞朗波的奇情小說，曾見到這樣的敍述。

某醫師對患者的妻子深具好感，藉著後催眠暗示，要她每天都到自己這兒來。但是，在這位女性的心中卻產生了倫理道德的糾葛，這種感覺逐漸增劇，終於損害她的健康。

丈夫很驚訝，便和醫師商量，讓其妻到外地療養，而醫生在她出發之前再次讓她進入深催眠狀態，說明一年以後一定要來見他，給予後催眠暗示。但是她離開以後，過了兩、三個月就病死了。

到了一年後決定的日子，有人敲著醫生家的大門，打開門一看，那位女性的骸骨裹著白衣，站在那兒。真是使人驚駭的結尾。

當然，這只是一個故事，但是，我聽過這樣的例子，「清醒以後，在八個月後的聖誕節，一定要寄卡片給我。」給予這個後催眠暗示。到了聖誕節這一天，真的收到了卡片。由此可知，藉著不同的給予暗示的方法，有時效力可以持續一年，甚或更久。

教人做壞事的後催眠暗示，會引起反社會行為

關於效力持續問題，以犯罪例子來看，依被給予暗示的人的不同，有時會出現非常識，與倫理、道德、教養互相矛盾的行為。是否真的輕易就能付諸實行，有很多人抱持著疑問。大部分時候，無法順利進行，就算做了，也會伴隨著極大的抵抗感與糾葛。

但是，如以下程度的後催眠暗示，雖然稍微脫離常識，還不至於引起抵抗感。例如，告訴接受實驗者，

「清醒以後，左腳麻痺無法站立。」

而清醒以後，對方果然不容易站起來。

「清醒以後，你坐在椅子上，站不起來。」

在這樣的暗示下，清醒以後還坐在椅子上的例子，所在多有。但是，如暴力教唆等反社會行動的後催眠暗示，若誘導者技巧熟練，和對方默契良好，不是不可能成功。如此一來，誘導者可能會藉此為惡。例如，他想利用接受實驗者來威脅他的朋友時，

「我的朋友啊，老說自己多有膽量，明天下午，你帶著手槍到他的辦公室，我也會在那兒。你在我面前命令他趴下來，然後，用手槍射他也不要緊。因為那裡面裝的是空包彈。這是個好玩的玩笑，應該無傷大雅。」

在這個暗示下，接受實驗者真的衝進了辦公室，而這位朋友覺得很害怕，不認為這很好玩。雖然這只是一個比喻，但類似的例子曾經出現過。

後催眠暗示是他者催眠通往自我催眠的橋樑

利用人類心理的脆弱而能夠發揮很大的力量的後催眠現象，可以廣泛地應用於心理療法與能力開發上。自古以來，權威暗示即被當作催眠療法的有效手段之一。藉此可治癒氣喘、頭暈目眩、歇斯底里等症狀。

但是，有些人因為無法忘記催眠中所給予的暗示的話語，因而影響治療效果。在這種狀況下，

「清醒以後，心情、呼吸都很輕鬆。」

給予諸如此類的暗示以後，再加上這些暗示會全部忘掉的暗示，創造後催眠性健忘的狀態。

此外，後催眠暗示也可以當成自他者催眠到自我催眠的橋樑。自我催眠法要靠自己學習

非常困難，若能在他者催眠之際，託誘導者說：

「等你進入催眠狀態以後，姿勢放輕鬆、深呼吸，放鬆全身的力量。然後，我會讓你知道已進入催眠狀態，再深呼吸二、三次以後，便完全進入催眠狀態中了。然後，你再把心中的暗示告訴自己，便一定能做到。」

像這樣，要求對方給予自己「從下次開始，就可以自己進入催眠狀態」的暗示。清醒以後，立刻深呼吸二、三次，便能進行自我催眠，這就是後催眠暗示的作用。當然，使自己進入自我催眠的關鍵，也可以改用文字代替深呼吸，但宜避免常會用到的字眼。例如，若以「早安」作為關鍵字，恐怕在向人道早安時便進入催眠狀態中了。

若熟悉了使用後催眠暗示進行自我催眠的方法，不僅能保持心情平和，還能靠自己引出潛在能力。根據美國心理學的實驗，接受「腳底無感覺」暗示和後催眠暗示而學會自我催眠的人，利用自我催眠法可以使自己走過燒紅的鐵板。

第五章　催眠術能夠改變自我，引出能力

秘藏應用可能性的催眠三大特徵

使身心更趨平衡的催眠

此處為各位介紹催眠的效用與應用的可能性。不過，在此之前先要將前面提過的催眠，秘藏著在那些方面可供應用的可能性加以整理。

第一，處於催眠狀態，本身就具有放鬆的效用。在催眠中，會引起生理與心理的變化。腦的較淺部分稱作新皮質，主司人類的精神活動，另外，掌握本能與身體的舊皮質位於腦較深的部分。

舊皮質部分擁有自律神經系統的綜合中樞，間腦和下視丘，而具有促進內分泌機能的荷爾蒙的生產，以及統制、調節功能，皆是腦下垂體的功能，它也位於此處。

由於控制、支配內臟、汗腺、內分泌腺等自律神經系統作用的間腦，和腦下垂體之間有關連作用，因而保持全身的正常營運。

原本這些機能不受意識管制，所以，即使人在睡眠中，照樣運作。但是，由於大腦新皮質的存在，因此，恐懼、憤怒、悲傷等強烈的情緒波動，會使間腦變得遲鈍，或多或少產生平衡失調的現象。

池見酉次郎先生等人，把裝置在催眠中放入對方的大腦內部深處，以測定腦血流的變化，發現腦的淺部分有減少的傾向，而深部分有稍微增加的現象。亦即在催眠下，新皮質的作用受到抑制，舊皮質的作用卻變得順暢。

藉著催眠誘導，給予「身體完全休息」或「心情愉快」等被動的暗示時，就能使新皮質部份休息，而將身體暫時交給舊皮質管理。宛如替新皮質卸下盔甲，不但通風透透氣，還能使身心更平衡呢！

由此可知，催眠狀態與覺醒狀態相比，會擁有更佳的身心放鬆狀態。催眠對於承受壓力的現代人，或多或少有助於休息、安靜、放鬆身心。

而且，在催眠狀態下所出現的這個身心平衡的恢復，藉著不同的方法——例如後催眠暗示法或自我催眠法——也能夠一直持續下去。

能進行無意識洞察的催眠

第二，催眠具有能夠揭去意識面紗，讓無意識提到意識階段的作用。

催眠，經常被當作精神療法的一種手段，正因其具有這樣的作用。目前，催眠應用的可能性不僅只是如此，昔日把疾病分成精神的與身體的兩大類，催眠對前者有效，對後者則不具作用。

但是，現在對疾病的看法，認為不能把身心分開來探討。因為，將生理疾病細加剖析，發現心理病因佔了絕大多數。

由此可知，既然對心理的可發揮作用，那麼，催眠在疾病治療上一定也能發揮良效。如今，催眠不只是精神療法的一種手段，像心因性要素極強的夜尿症、吸吮手指，因負面的自我暗示而喪氣，或畏懼人群等等症狀，也可以藉著催眠治療，所以，應用的範圍更加廣泛。

能使心理狀態轉變的催眠

第三，被暗示性的提高秘藏著應用的可能性。在催眠狀態下，與覺醒時相比，暗示具有極端的效果，而利用被暗示性極端提高，藉著催眠暗示，可以引導身心狀態到更理想的境界。

事實上，即使不在催眠狀態，暗示也能起作用。九州大學的心療內科所進行的漆樹疹與暗示之關係的實驗，就是很好的例子。

某十七歲高中生，易罹患斑疹，在他的右手上塗一層液體，告訴他這是「漆樹汁」。而在左手則塗上標示酒精的液體。

過了六小時，右手引起皮膚炎，左手卻沒有異常現象。事實上，兩瓶液體中皆加入了漆樹汁。因此，如果斑疹純粹只是一種生理反應，那雙手皆應出現症狀，但是，因為言語和標籤的暗示，使得只有右手出現症狀。

藉著覺醒暗示能夠控制對方的心，而使其出現和以往不同的生理反應，那麼，藉著催眠暗示，若能引導身心邁向更理想境界，則藉著潛在意識的「觸手」，也許能使身體疾病痊癒到某一程度。

目前已開始嘗試應用的可能性，某大學的研究報告指出，將一位半身不遂的腦中風患者導入催眠狀態，持續給予暗示，使其「我已經不行了」的黑暗想法轉變為開朗的心態，結果比復健效果更好。此外，因腦中風而倒下不久的人，如果還保有健康時的明朗心情，則恢復得比較快。

不只如此，這類的研究最近在教育上也相當活絡。

例如，平常功課不錯，但一面臨考試就會因緊張而出差錯的小孩，或是上課時不太敢開口的小孩，藉著催眠暗示，能夠去除不安、恐懼、緊張感。

譬如說，一個語文能力不錯，但在課堂上不敢開口發表意見的小孩，在催眠中，利用被暗示性提高的方法，讓他想像上國語課時的情景，然後讓他體驗自己能夠順利發表意見的幻覺，則與沒有誘導催眠的小孩相比，明顯的，進步多了。

總之，不管是哪一種研究，都要在體系內，而這些例子也告訴我們，催眠在學習上的確

應用催眠能夠開創新的藝術境地

具有某種有效性。

得到新想像力的催眠

由以上各點來看，催眠的確具有很大的效用。但是，三種功能無法獨立作業，必須互助合作，才能發揮最大作用。

截至目前為止，我們所了解的促進身心平衡、揭去意識的面紗而作用於無意識世界、引導至更理想方向的催眠，不正秘藏著可加以應用的可能性嗎？

像利用催眠，不就可以得到新想像力嗎？最近提倡創造的思考，聽說在美國，一些音樂家、畫家、小說家等從事藝術工作的人，會食用幻覺劑，藉著徘徊幻想、幻覺的世界，而開創新的藝術境地。

我認為，若能積極應用催眠的話，根本不

用倚靠什麼幻覺劑。當然，這只能說是具有可能性，不過，能夠解除一般思考的限制，而被引導入一個新的想像世界，像想像力、靈感之類的東西，也可能會突然出現在無意識的世界中。

「馬上、廁上、枕上」這三個場所，是最容易得到靈感或構想的地方。如果再加上催眠狀態，可能性就更大了。

所以，我為各位談及過自他者催眠到自我催眠的橋樑的問題，目地就是希望能普及衆人使用催眠。如果自己隨時都能重複進行催眠的話，就更能夠提升效果。不必依賴誘導者，基於自己的內發性而進行催眠，能得到比他者催眠更好的效果。

催眠的應用從身心症的治療到潛在能力的開發

1 有助於神經症、身心症的治療

關於催眠應用之可能性的研究，方法的確立等，是屬於精神醫學的範圍。將其應用於不安神經症、轉換歇斯底里症、強迫神經症、心氣症等各種神經症的治療，能夠發揮效用。

所謂的神經症，其程度各有不同，從原因簡單的到心底的重創，皆在此範疇。

比較輕微的治療是使用權威暗示或說服。治療者在催眠中引導對方消除痛苦，給予對方「疼痛去除」「煩惱完全消失」「從催眠中清醒以後，又成為原本活潑的自我」等直接的暗示。因此，昔日催眠療法被誤解作只有暗示療法的原因即在於此。但是，這方法無法接觸到神經症真正的原因，只不過使症狀產生變化而已，非治本之道。

尤其起因為心底創傷的複雜神經症，必須在分析方法的治療上下工夫。其中一種就是「催眠分析」。

有位三十九歲，罹患分離神經症的男子，某天突然在自宅失蹤，長時間以來行蹤成謎，某天，又突然返家。然而，其間做啥去了，卻完全沒有記憶。

其主治醫生為他進行催眠誘導以後，讓他後退到失蹤的時期為止，企圖使他恢復記憶力，沒想到他竟然產生劇烈的頭痛，而且清醒時無法想出的部分，也開始加以敍述，當時，劇烈的頭痛症狀與身體的感覺，全都復活了。

而且，他當時在賣掉土地時，被人騙了，失蹤當天，必須歸還二千萬元的借貸。可是，他只有籌到一千萬元，反而增加扶養人的困擾等等，陸續說出事情的始末。在持續進行催眠分析時，他的健忘症完全恢復了，而且，洞察到自己的發病原因在於金錢問題，漸漸地就痊癒了。

像這種神經症的治療上所使用的催眠應用法，除了催眠分析以外，還有許多方法值得下工夫研究。

此外，由於心理因素而引起的身體疾病（身心症），藉著催眠，使對方從各種心理障礙中解放出來，也能使功能性疾病痊癒。所謂「病由心生」，首先要治好心理因素，提早預防轉變成身體疾病。根據報告，催眠對於神經性胃炎、十二指腸潰瘍、神經性食慾不振、支氣管炎、本態性高血壓症，偏頭痛等的治療，具有效果。

2　擁有舒適的睡眠

拿破崙只要睡三個小時就足夠了，這是相當有名的軼事，另一方面，越想睡著越睡不著，心情焦躁，更容易清醒著。有的人連續幾晚都是如此，罹患了失眠症。

因失眠而煩惱的人，越想睡反而睡不著。而且，心情焦躁會使身心更緊張，如此一來，神經刺激不斷地送到大腦，大腦就會清醒著，腦的覺醒度一直很高，就會陷入更緊張的惡性循環中。

有人說，數羊可以幫助睡眠，一隻、二隻……漸漸地就會入睡，問題是，數羊需要集中注意力，反而使大腦不得休息。有人便這麼數到天亮，還是睡不著。

要得到舒適、沉穩的睡眠，催眠非常有效。能使身心完全放鬆而進入催眠狀態的話，得以消除輕微的失眠症狀。

就此而言，自我催眠法的效果很不錯。如使用自律訓練法，依順序使身體各部位放鬆，進行調整，「放鬆身體全部的力量，覺得輕鬆……頭腦一片茫然……什麼也不做，什麼也不想……只要一片茫然。」如此自我暗示，便能得到舒適的睡眠。

必須注意的是，暗示的話避免用「想睡」「睡著了」等直接暗示，因為這樣，反使自己對睡不著敏感。所以，類似「睡眠」的字眼在自我暗示中使用，只會造成負面效果。

3 有助戒煙、戒酒，調整偏食、過食

偏食、過食、酗酒、煙癮太大等惡習，有時緣於心理因素。女性容易為了消除壓力而大吃一頓，結果造成過胖。而業務代表也容易因為精神緊張而不停地抽煙。

一些老煙槍，光是潛在意識想，手、口便會蠕蠕而動。紐約的精神分析學者哈巴德•斯皮凱爾博士，讓「吸煙中毒者」創造不抽煙的條件，即使用「積極的手段」展現效果。一天十次，進行自我催眠，「我尊敬、保護自己的身體，因此，要遠離煙毒。」如此自我暗示。

博士給予酒精中毒患者自我暗示用的話語是，「改變這種習慣的力量存在於我的體內，酒瓶是妨礙我依賴自己力量的枴杖。」費城的亞爾巴特•愛因斯坦醫院使用催眠，成功地使至少百分之四十的患者，在一年內能夠戒煙。

矯正過食的惡習，必須考慮到想吃有視覺及嗅覺的誘惑，因此，催眠時要同時加入視覺

及嗅覺的想像。例如，

「當妳看到甜甜圈，彷彿聞到世界上最臭的味道，噁心欲吐。」

給予這樣的暗示。至今我還記得，美國發行的『減肥體驗手記』中有這樣的一段話。

「當我被誘導催眠以後，到超市去，也曾伸出手想要拿造成過胖的食物，但是，突然FAT（肥胖）這個字從食物架上跳下來。我害怕得很快地開始減肥。」

這一定是利用後催眠暗示法。

藉著催眠去除惡習時，戒煙、戒酒比減肥更具效果。可能是潛在意識無法發揮作用，消去什麼比減掉什麼更容易有反應吧！

「你不喜歡香煙」，具有直接暗示的效果，但「你缺乏食慾」或「不要攝取碳水化合物或脂肪」的直接暗示，一般來說，成效不大。因此，要改用間接暗示，改變對食物的嗜好。例如，喜歡高熱量食物的人，要讓其改吃蔬菜等低熱量食品。這樣子，藉著食用蔬菜，便能間接給予討厭脂肪的暗示。

小孩的偏食習慣，大都能以此方法治癒。如不喜歡吃肉的小孩變得喜歡吃肉，藉著催眠誘導，實驗讓他吃肉也可以，

「你現在正在吃肉。」

或在想像中吃肉亦可。然後，再藉著後催眠暗示，

「以後你會喜歡吃肉。」

重複二、三次便治癒的例子相當多。

4 去除恐懼心、不安感

我有一位女性記者朋友，連到機場都很厭煩，是重度的飛機「恐懼症」患者。有時，要到機場接朋友，她便會出現胃痙攣的症狀。「在空中飛翔實在是太危險了！」這是她的說法。而她也的確是在無意識當中對在空中飛行有恐懼感。因此，當她必須外出採訪時，多半利用火車或船、巴士。

有一次，她獲得到歐洲採訪的機會，她不願放過，但又害怕得搭飛機。

「想到要搭乘飛機坐二十個小時以上，我真的快瘋了。但是，如果我不治好恐懼症，恐怕我不夠資格擔任一位稱職的記者。畢竟，外出採訪要爭取時效。可是，我真的很擔心搭飛機之事。」

她的醫生判斷她接受治療的心態非常積極，於是使用催眠暗示。幸好，催眠誘導十分順利，經過幾次誘導以後，醫生給予她想像暗示。從行李箱的準備開始，到飛機的旅行，在心中描繪出映像。

「……現在請繫好安全帶。身體向後靠，深呼吸三次。」

她以手做出繫安全帶的動作。

「真是美好的旅行。心情放鬆、餐點美味、窗外的雲朵潔白而美麗。伸直雙腿，讓自己悠閒地享受吧！」

然後又降低聲音說：

「時間很快就過去了，已到達巴黎。妳看，朋友來接妳了。」

然後又給予後催眠暗示。

「從現在開始，如果仍覺心情緊張，就從十開始倒數，漸漸地就會覺得心情愉快。十……九……八……七……」

在覺醒以後，她說：

「這真是美好的旅程。但我知道其實自己一直待在房子裡。」這是正常反應，只有潛在意識進行飛機之旅。

不久之後，醫生接到女記者遠自巴黎寄來的明信片。

「前些日子，平安抵達巴黎。在飛機上時，有幾次感到胃痛，但在數數以後，疼痛完全消失了。」

由此例可知，催眠暗示的魔力無遠弗屆，而且它的確能幫助人類祛除不安感與恐懼心。

5 預防暈車

在感受性較強的思春期，經常會出現暈車的症狀。根據實驗，光是刺激內耳，便會出現類似暈車的症狀。這是因為對與內耳有關係的自律神經產生了影響，引起交感神經的刺激狀態所造成的。

以暈船來講，站在靜止的船上也暈船的兒童，佔暈船兒童的百分之二十五〜三十。九州佐世保市的離島小學，在做修學旅行之前，級任導師藉著自律訓練法，進行預防兒童暈船的實驗報告。

根據結果顯示，三十八位兒童中有二十五位較易暈船。在乘船出發前，老師說道：「你們接受過自律訓練，所以絕對不會暈船。」

重複給予暗示。在這一天的活動結束以後，發現仍有十名兒童在船上暈船。

到達旅館以後，再次藉著自律訓練法給予暗示，兩天以後，完全沒有暈船的學生了。過了幾天，在旅行結束後發現，這一班的學生全部沒事，而其他班級還有幾名暈船的學生。這位老師在旅行時仍持續治療，終於達到百分之百的治癒率。

這是藉著自律訓練法，在輕催眠狀態下進行暗示，如果藉著他者催眠來做，當然也可能治好暈船的問題。通常，進行的方式在導入催眠以後，

「你坐在容易頭暈交通工具上。已經開始動了，雖然有點搖晃，但是感覺很舒服。聽到引擎聲、聞到汽油味，但仍然若無其事。」

然後，讓對方想像實際坐在船上的感覺，「現在，不管你搭乘何種交通工具，都會覺得非常愉快。」給予後催眠暗示。這個方法試過幾次以後，通常就能克服暈車、暈船的毛病。

6 在牙齒的治療上，能減輕疼痛、去除不安

十九世紀，蘇格蘭的外科醫生詹姆士·艾斯提爾，曾引導患者進入恍惚狀態，而成功地截肢。將催眠用在身體疾病的治療上，事實上遠比治療心理障礙更具有悠久的歷史。第二次世界大戰時，因麻醉藥不足，催眠誘導遂成為「有效的麻醉法」。

第二次世界大戰後，據說紐約的牙科醫師們給了催眠研究莫大的刺激。在牙齒治療過程中產生的疼痛感，試著以催眠加以減輕。「一定會痛」這種神經的緊張，使全身肌肉緊張，提高疼痛的感受性。治療牙齒時，若能緩和心裡的緊張，就能防止疼痛感在心裡不斷擴大。

澳洲的催眠研究家米亞斯博士，就曾不使用止痛藥而拔牙。醫生把X光片給他看，並說：「這不是普通的拔牙哦！要切開牙齦，甚至得削去骨頭，直到牙根處。而且，要以斜拔方式拔牙。你還是接受麻醉吧！」向他提出忠告。

米亞斯決定還是靠著自我催眠來接受拔牙手術。在手術中，意識非常清楚，可以靠著自

己的力量張開嘴巴。的確，牙齦有痛感，但不會令他難受，而且幾乎沒有出血現象。

在日本各地的牙醫們，也針對容易接受催眠誘導的兒童進行催眠利用實驗。這當中，有二十六位三～十三歲的兒童，在催眠狀態下，

「一點也不痛，你只要躺在那兒睡覺。在睡覺時，就把牙齒治好了。」

給予無痛暗示，然後拔掉乳牙。其中十七人說完全不痛，五人覺得有點痛，四人覺得非常痛。

紐約醫科大學的亞尼斯特‧洛基博士等人，藉著催眠暗示來割去患者的一個肺。給予患者「你的氣管和喉嚨變冷了，沒有任何感覺」的暗示，讓他集中心志於此暗示上。手術經過三個半小時，患者輕鬆地被送進病房。

另外，芬蘭的C‧迪魯克爾茲博士等人，在「幻象、轉移、疼痛」治療上，利用催眠展現效果。在替患者切除手腳手術時，切斷面不覺得痛，而是幻想的部分出現疼痛的感覺，是相當奇妙的現象。博士等人對三十七位患者進行催眠暗示，其中的二十人完全不覺得疼痛，十人疼痛減輕到不需接受醫學治療。追蹤調查則發現，進行治療八年後，疼痛不再恢復的還有十人。

莫菲斯則進行藉著催眠法緩和癌痛的研究，他認為患者主訴疼痛症狀，癌細胞的變化佔百分之十，剩下的百分之九十都是心理原因作祟。就如禪僧快川所說的，「心頭滅卻火自涼

」。心裡不這麼想，自然不感疼痛。

不麻醉，應用催眠進行手術，在近年已不再施行，但是，催眠仍可有效去除治療、手術時的不安感。

此外，也可利用催眠進行無痛分娩。一般來說，孕婦的催眠感受性會提高，從懷孕早期開始，就加深催眠的訓練，使身體各部位無痛的暗示訓練，也要加強進行。藉著後催眠暗示，就能夠隨時進入催眠，做好無痛分娩的準備。

只要孕婦放輕鬆，依循暗示，幾乎不會體驗到痛苦與不安。使用麻醉藥物來減輕生產痛，恐怕會導致胎兒的氧氣供給降低，產生可怕的後果。相比之下，催眠令人安心多了。

7　由消極的人蛻變為積極的人

催眠與暗示的效用，不單是提升負面狀態到普通狀態，更能達到正面狀態。

人類都具有向上心，希望自己出人頭地。催眠與暗示的理論都有達到這種慾求的可能性。

例如，消極的人若想使生活積極些，可參考以下的例子。所謂催眠的效用，應該是催眠的效果更大。因此，在清楚催眠狀態下的暗示效果應該是最大的。即使不然，覺醒暗示也有不錯的效果。美國知名的壽險業務員法蘭克•貝德加，便是一個例子。

貝德加曾向說話術大家迪爾•卡內基學習話術。卡內基知道他的缺點在於缺乏熱情，於是，便以興奮的口吻和他說話。

貝德加感動於卡內基熱忱的說話方式，第二天會見顧客時，便拿出他的熱情來。他的表現與以往截然不同，不但打動顧客簽下壽險合約，對方還成為他最有力的後援。

卡內基的熱情，使貝德加處於易受暗示的狀態；而貝德加受卡內基言語的鼓舞、暗示，幹勁大增。

如果真的用上催眠誘導的方法，相信效果更驚人。

某家壽險公司對一位業務員進行催眠誘導，使他產生自信，建立好業績。對引導進入深催眠狀態的對象說：

「這個月業績可突破三千萬元以上。」

「你喜歡應付難以對付的顧客，想去拜訪他們。」

「每天苦思達成三千萬業績的方法。」

給予這三個暗示，然後，從催眠中覺醒以後，彷彿使他忘了暗示。結果，這個業務員展現行動，業積一如暗示之高。這便是後催眠暗示的威力。

可是，千萬不可性急。即使自己有此慾望，但是，也要留點時間給潛在意識活動，才能達到目的。美國某位心理學家曾利用自我催眠的方式，來加強瑪麗蓮夢露的自信。但是，並

據說瑪蓮夢露為了擁有自信，
也利用自我催眠法。

不是當時就展現效果。

夢露當時害怕站在攝影機前，因而錯過好幾次機會。製片們雖肯定她的天分，卻不再抱持信心。夢露為了找回演技自信，只好接受自我催眠。在訓練中，她不斷給予自己暗示，「我要成為偉大的演員」。

這些暗示慢慢滲入潛在意識中，經過八次的自我催眠，她終於能在攝影機前展露演技而不畏怯。

她藉著自我催眠建立自信，邁向明星之路。同樣的，容易臉紅、害怕與人交往的人，也可以利用這個方法。

這些人一旦在人前出現，就會結巴、臉紅、手足無措，因而無法建立良好的人際關係。利用催眠，可以使自己變得積極。

一般是藉著自我催眠，使頭、臉的血液流向

手或腳，他者催眠則是在引導進入深催眠後，找出令對象臉紅的原因，然後誘導者讓他幻想與人見面的場面，藉此減輕拘謹、不安的表現，不再容易臉紅心跳，建立信心。

8 建立向上心與幹勁

認為工作無趣的公司職員，缺乏求學熱忱的孩童，都無法表現出人類的向上心。

我受友人之託，為他兒子進行催眠指導。這小孩就讀國小六年級，算是相當容易接受催眠誘導的年齡。父母希望他進入著名的私立中學就讀，但孩子似乎無此打算。在見面談話以後，他告訴我：「讀公立學校有何不好？我的朋友全讀公立的啊！」ＩＱ雖高，成績不佳，沒有求好的慾望。

我在國小六年級上學期結束時，開始對他進行催眠誘導。首先，我暗示他努力學習，考試及格時會非常高興。而且，學習是一件有趣的事情。同時，進行自我催眠法的指導，有時是他自己實行。過了暑假到了十月時，還是無法產生幹勁。於是，我稍微加強暗示的內容。

「你從學校回來以後，想要立刻坐在書桌前用功。」

「你的數學最弱，若不加強，入學考試便過不了。因此，重點學習自數學開始。」

一個半月後，到了十一月末，這小孩不再上補習班，專心在家裡讀書。翌年二月的入學考試，平安考取。

當然，這不完全是催眠的功勞。在義務教育的階段，有「幹勁」比有能力更容易拿到好成績。如果勉強他，不見得有此成果。因此，我便把暗示集中在「幹勁」上，專心地為他建立學習的動機。

這個建立動機，在孩童教育上，已是不可或缺的因素。發表『催眠研究』的原正先生的報告顯示，中學生在上數學課以前，

「今天的數學比以前簡單，而且有趣多了。」

先給予這些暗示，再來上課。上完課以後，將近九成的學生說：

「我覺得比以前好。」

「我覺得比以前有趣。」

「精神不再散漫。」

在其他班級，授予同樣的教材，但不給予暗示，有信心、興趣的學生只有四成。

原先生更進一步，在數學課之前的幾分鐘，一週二天，連續五週，給予學生集體催眠。

「數學變得更容易，你們更想學習了。」

五週之後，「喜歡數學」的學生從百分之四十一・三上升到百分之六十三，「討厭數學」的學生從百分之三十二・六減少到百分之十三・一。對於為孩子不用功而傷透腦筋的父母而言，這是值得一試的方法。

9 防止焦躁，引出集中力

因為「焦躁」而無法發揮實力的人，在催眠狀態下藉著暗示，能夠發揮實力，贏得考試及工作勝利。關鍵便在於引出受到「焦躁」妨礙的集中力。

像電視上經常播出的舉重比賽，選手在舉起啞鈴時，臉上呈現的是集中於「某件事情」的表情。即使眼睛張著，可能什麼也看不到，只是集中所有注意力，非常專注，因此，常可舉起幾百公斤，甚或超乎實力以上的啞鈴。

相反的，無法集中便會造成能力減半。

職棒選手一旦陷入低潮期，經常會感嘆「連球都看不到」。這是因為不集中，無法在投手球出手的一剎那，便作出正確打擊的緣故。

運動科學家豬飼道夫先生，對運動選手進行催眠誘導，給予「你逐漸變強」的暗示，使其精神放鬆，通常能夠增加百分之三十的肌肉力。藉著催眠，引出了「蠢力」。

當然，防止焦躁、創造集中力，並不只用於運動上，對於所有活動而言，都是必要的。

像平常功課很好的學生，有的一遇到重大考試，便會犯下令人難以置信的錯誤。不用說，這是因為過度緊張，讓焦躁妨礙了集中力的發揮所造成的。

在這種情況下，引導學生進入催眠狀態，使其放鬆，

「身體放輕鬆了，心情平靜，感覺很愉快。」

給予這樣的暗示，消除身心的緊張，如此便有可能化解焦躁。

日本催眠醫學研究所的森定一博士，以前曾利用「五十回暗示法」這種獨特的催眠法，在醫療上展現很大的成果。深呼吸以後引導催眠狀態，從頭頂到指尖都放鬆。然後，從眼睛開始，依序到下巴、肩膀、雙手、膝蓋，都放鬆力量。

「我能夠集中精神。」

如此自我暗示。希望自己不要在人前緊張的人，想像自己已放鬆，

「平常都很鎮定，在人前也是一樣。」

想創造集中力的人，可以想像自己集中精神於工作或課業的姿態，「平常就能集中精神，埋首事物中」如此自我暗示。

要防止焦躁或提升集中力，利用「心理、顚倒」法也有效。在催眠狀態下，想像自己實際面臨入學考試等場面，體會平靜的感覺。

此外，想要去除身心過度的緊張，自律訓練法非常有效。根據九州大學成瀨教授等人的報告，讓十二位參加奧林匹克的射擊比賽的選手，進行自律訓練法的練習，結果，幾乎每個人都不再焦躁，能夠平心靜氣地展現實力。藉著自律訓練法產生的輕催眠，能夠使身心去除緊張，注意力集中，在射擊比賽中，這是最重要的關鍵。

10 有助於提升技術、技能

藉著催眠暗示而使能力提升，可視作精神能力的提升。在運動方面，精神要素是非常重要的，因此，催眠可幫助穩定心情，去除精神壓力。不過，在此要介紹直接與技術、技能相結合的催眠暗示的效用。

主要是藉著想像法來進行。我們豐富的想像力，有助於運動、學習能力的提升。

美國將某籃球隊的球員分成三組，進行以下的實驗。A組球員每個人每天練習十二分鐘，持續十四天，做實際投籃練習；B組球員不練習，只想像自己成功投籃的樣子。時間與A組相同。C組球員什麽都不做，休息十四天。二個禮拜以後，集合全部球員，讓他們投籃，看成績如何。

C組當然完全沒有進步，而A組進步率為百分之二十四，表示練習有了成果。B組也擁有百分之二十三的投籃進步率，但他們沒有練習，只是想像。B組球員自然感到萬分訝異，但他們也對自己的能力信心十足。

昔日，靜岡縣某小學在游泳課時，利用催眠進行想像練習。對於害怕下水而不會游泳的小孩進行催眠誘導之後，「老實說，水一點也不可怕。現在，你和大家一樣快樂地在游泳。你的右手划過水面，左手向前伸出，是自由式哦！你浮在水面上，水不斷向前伸，覺得很舒服……」

給予他們容易想像的暗示。

十五個討厭游泳池的兒童，在做過想像練習以後，已經有十二人不再害怕，敢下水游泳了。

在學習指導的範疇內，這個想像練習叫做「心理、顛倒」法。對大人也有效。某小提琴家自我催眠，進行想像練習，短時間內就能演奏較長的曲子，而且技巧進步。不只是音樂、運動、學習方面，演講、開車等等各方面，想像練習皆可廣泛應用。

11　顯著增加的記憶力、想起力

在黑暗中一束光線內放著的彩色珠鍊，比起放在光亮處，更要閃閃動人。那是因為周圍的黑色，襯托出它的色彩。在催眠下，由於注意力集中在腦海，因此，接收到的資訊也更加鮮明地記憶下來。

德國作家海因西•吉爾拉特，在二次世界大戰末期，遭俄軍逮捕，送往西伯利亞，彼時完成了一篇小說。但遭士兵發現而被沒收。後來，他回到德國，憑著記憶力再寫下來，但內容不全。

不得已，他只好依賴催眠，結果，全部的情節都想起來了。

更讓人吃驚的是，一位只有小學學歷的士兵，在催眠誘導後，讓他背下莎士比亞全卷的『哈姆雷特』。待他清醒後，對於先前背誦的文章，一句也想不起來，但一週之後再置身於催眠狀態中，竟然能背誦全本的『哈姆雷特』出來。亦即催眠時記憶的正確性令他留下深刻印象。

一位叫做A・B・西亞茲的學者，可能做過在催眠下學習國際莫爾斯號碼的實驗。他將智能程度差不多的人聚集起來，分成兩組，一組在催眠下，一組在清醒時學習，都是學三十個小時。

每隔十小時進行測驗，結果，催眠學習這組錯誤較少，而且，隨著時間拉長，兩組的差距也拉大。

我的朋友曾在催眠下使學生記憶德文的醫學用語。到了第二天，大約還有百分之七十五的想起率，但在覺醒時記憶的學生，想起率只有百分之五十。這些例子證明了催眠在想起力及記憶力上的效用。在催眠下記憶時，

「現在所記住的東西，絕對不會忘記。」

再加上後催眠暗示，效果必定更持久。

12 提高創造性，產生新想法

先前提及的催眠記憶，是超乎我們的知性範圍之外會產生的現象。潛在於我們體內的能力，要加以引出必須依賴自然力。催眠之所以受到重視，即因它能有效地導出自然力。

催眠時的腦就如睡眠中的狀態。放鬆、安靜、舒適。如海綿一般吸收各種情報，而本能及直覺也會起作用，是容易產生新構想的狀態。關於人類潛在能力與腦的關係，近年來腦科學研究者正急速研究著。生物反饋（研究藉著心控制身體機能系統的學問）的著名研究者芭芭拉・布朗博士，就製造出特異的腦波計。

當催眠的典型波α波出現時，裝置的綠燈會亮起來。一旦顯示α波的燈亮起，接著，不管是誰，燈亮起的次數會逐漸增多。明顯的，受試者喜歡α波，藉此自我控制而產生α波。

詢問受試者α波出現時的情緒，多半回答「幸福」「快樂」「放鬆」或「思考與感情的自覺」等。覺醒狀態的腦波β波所顯示的感情則是「不安」「憤怒」「不滿」「緊張」等。

布朗博士將模型車與α波結合在一起，製造出α車。將配戴於受試者頭上的電極與模型車引擎互相聯結。在兩者之間設置腦波增幅器，以及只讓α波通過的過濾器，和使電流均等流動的裝置。

α波可使車引擎發動，並在線路上跑動。而β波出現時，車子會停止。最後，車子終於只能靠自己的力量奔馳。

這種生物反饋的快感，使得受試者的α波增加。而布朗博士另外設計的兩輛競馳的事，

大展好書　好書大展
品嘗好書　冠群可期